ANCIENT WEAPONS

古代兵器

从石兵器到黑火药兵器

From Stone
To Black
Powder Weapons

丛书策划　李俊亭

丛书主编　游云　丁宁　编著　李俊亭

国防工业出版社
National Defense Industry Press

图书在版编目（CIP）数据

古代兵器：从石兵器到黑火药兵器/李俊亭编著．
-- 北京：国防工业出版社，2023.5
（武器装备知识大讲堂丛书）
ISBN 978-7-118-12595-5

Ⅰ.①古… Ⅱ.①李… Ⅲ.①兵器（考古）—中国—普及读物 Ⅳ.①K875.8-49

中国国家版本馆 CIP 数据核字（2023）第 086955 号

古代兵器：从石兵器到黑火药兵器

责任编辑　刘汉斌

出版　国防工业出版社（北京市海淀区紫竹院南路 23 号　邮政编码 100048）
印刷　雅迪云印（天津）科技有限公司印刷
经销　新华书店
开本　710mm×1000mm　1/16
印张　$17\frac{1}{2}$
字数　360 千字
版次　2023 年 5 月第 1 版第 1 次印刷
印数　1—6000 册
定价　78.00 元

（本书如有印装错误，我社负责调换）
国防书店：（010）88540777　书店传真：（010）88540776
发行业务：（010）88540717　发行传真：（010）88540762

CONTENT ABSTRACT
内容简介

本书系统介绍了古代兵器从石兵器、青铜兵器、铁兵器到黑火药兵器的演化历程。在细说格斗兵器、远射兵器、骑兵战具、战车、战船、燃烧性爆炸性火器、管形射击火器、古代火箭的同时，将兵器的发明故事、兵器的应用经典战例融汇在一起，以生动的语言、翔实的史料和丰富的图片描绘出一幅古代兵器发明、发展和使用的立体画卷。对中国古代兵器在世界金属化军事变革和火药化军事变革的巨大影响和重要地位做了有益探讨。

本书适合广大青少年、军事爱好者及冷兵器爱好者阅读和收藏。

开场白
Prologue

　　古代兵器是古代进攻性兵器和防护装具的总称。我国古代兵器的发展大体经历了3个时代：冷兵器时代、火器与冷兵器并用时代和火器时代。

　　冷兵器时代，始于原始社会晚期到公元前10世纪，经历石兵器、青铜兵器和铁兵器3个阶段。据文献记载，神农"以石为兵"，黄帝"以玉为兵"，蚩尤"以金为兵"，禹"以铜铁为兵"。石兵器的基本类型有3种：射远兵器，如弓、弩、箭、飞石索等，用于射杀、击杀远距离目标；格斗兵器，包括长柄的石矛、骨矛、石斧、石钺、石刀等，以及无柄或短柄的石匕首、骨矛等，后者又称卫体兵器；防护装具，主要有盾牌、护甲等，多用藤条、木条和兽皮制成。

　　夏王朝建立前后，石兵器仍是战争的主兵器，同时逐渐创制青铜兵器，历经商周至春秋，有1500余年历史。商代晚期至春秋，是青铜兵器的鼎盛时期。春秋后期，中国冶炼工匠们开始摸索到块炼铁渗碳钢技术，到战国后期逐步成熟并广泛应用，生产出各式铁兵器并广泛装备军队。秦统一六国后，大量销毁青铜兵器，进入以铁兵器为主的时代，完成了兵器铁器化的进程。

唐代炼丹家发明的火药，开启了人类利用化学能制造兵器的新途径。北宋的军事技术专家和统兵将领，利用这一伟大发明试制成最初的火器并用于战争，开创了人类军事史上火器与冷兵器并用的新时代。以火器的重大创制和更新为标志，这个时代可划分为4个阶段：初级火器的创制（宋代，公元960—1279年）；火铳的创制发展（元代至明代正德末年，公元1279—1521年）；火绳枪炮的创制发展（明代嘉靖元年至明末，公元1522—1644年）；古代火器的曲折发展（清代前期，公元1644—1840年）。

自清代康熙朝中期以后，中国火器发展开始滑坡，拉大了与欧洲火器发展的差距。欧洲主要国家在17世纪中叶淘汰冷兵器，跨入近代化火器时代，而清朝仍在火器与冷兵器并用时代中徘徊，比西方晚了200余年。鸦片战争后，一批"开眼看世界"的有志之士开始"师夷长技以制夷"，仿制欧洲新型枪炮和舰船，中国军事技术发展才逐步走出低谷，进入近代火器时代。其间，经历前装枪炮（道光二十年至咸丰十一年，公元1840—1861年）和后装枪炮（同治元年至宣统三年，公元1862—1911年）两个阶段。19世纪80年代，后装枪炮和蒸汽舰船成为清军的基本装备。

从某种角度来看，人类的历史就是一部战争史，更是一部兵器的发展史。中国五千年的文明史，古代兵器文化是其中不可或缺的组成部分。本书在介绍我国古代兵器的同时，还讲述了不同时期兵器对战争甚至是历史进程的作用，让读者在了解古代兵器知识之余，还能了解关于该兵器的典故及背后的故事，对古代中外历史有一定的认知，增强国防意识和民族自豪感。希望借此抛砖引玉，引起读者对我国古代兵器和传统文化的兴趣。

编者

2023年4月

CONTENTS 目录

1 从混沌到朦胧——兵器的孕创与鼎新 / 01

战具与生产工具分离 / 01
黄帝与蚩尤的战争 / 04
进入青铜时代 / 07
铁器时代的兵器 / 11
金属兵器引发的军事变革 / 15

2 面对面的格斗——长兵器与短兵器 / 22

举起你们的戈 / 23
威猛而短命的戟 / 27
矛与枪纵横数千年 / 31
马其顿长矛与马其顿帝国 / 36
短剑、重标枪与古罗马帝国 / 41
剑与刀此起彼落 / 44
日本刀与大马士革刀 / 54
劈砍类兵器——斧、钺、戚 / 63
非制式格斗兵器 / 68

3 百步外的功夫——远射兵器 / 74

弓箭的发明与发展 / 75
英国长弓煊赫一时 / 86

■ 全景呈现古代兵器演变魅力，聚力探寻千年兵家文化奥秘！

中国弩战场称雄 / 90
抛石机——古代"战神" / 99

4 勇武与速度的结合——骑兵及其战具 / 104

"胡服骑射"与骑兵的兴起 / 105
马鞍和马镫作用大 / 109
重甲骑兵的兴衰 / 117

5 疾风飙进的时代——古代战车 / 132

战车的起源和演变 / 133
夏商周时代的车战 / 143
世界战车与车战扫描 / 149

6 踏破平浪雄师来——古代战船 / 158

从独木舟到木板桨船 / 159
秦汉至明代的战船 / 166
驶向远洋的郑和舟师 / 192
地中海桨帆战船与海战 / 199
风帆战船时代的海洋争霸 / 204

CONTENTS 目录

7 创世纪之火 —火药与古代火器 / 210

火药的发明与军事应用 / 211
燃烧性与爆炸性火器 / 219
管形射击火器的发展 / 230
种类繁多的火箭 / 247
中国火器的西传 / 256

从混沌到朦胧——
兵器的孕创与鼎新

　　人类有着悠久而灿烂的文明史，但文明的历程却伴随着血雨腥风。在改造自然时，人类是理性的；在征服同类时，人类却是疯狂的。于是，便有了专门用于杀戮同类的工具——兵器。古代兵器的发展经历了冷兵器时代、火器与冷兵器并用时代和火器时代。从最初的石兵器被用于原始部落间的厮杀起，人类社会进化与文明的车轮，便在战争与征服的腥风血雨中启动了，恩格斯称之为"人类文明的代价"。

战具与生产工具分离

在漫长的原始氏族社会里,部落之间因争夺生存空间、抢婚、血缘复仇等,时而会发生具有战争形态的暴力冲突,平常狩猎使用的棍棒、石块、弓箭就是兵器。在人类早期漫长的岁月里,生产工具与兵器是不分的,用于打野兽、种粮食是生产工具,用于人与人争斗就是兵器。

原始社会晚期,为冷兵器的萌芽阶段,以磨制的石兵器为代表,同时也大量使用木、竹、骨、角等材料制造的兵器。随着生产力的发展和私有制的出现,原始社会逐步解体并由部落联盟向国家过渡,不断发生的暴力冲突也随之发展为部落战争。随着战争的日益频繁和规模的扩大,原有的生产工具已不敷使用,人们便根据战争需求,制造专门用于杀伤和防护的战具,使战具与生产工具分开,出现了专用于作战

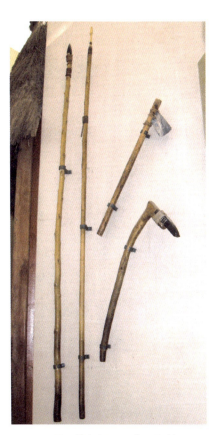

石矛、骨鱼镖、石斧、石锛

的兵器。同时，军事首长成为部落中一个不可缺少的公职，战争成为一种经常性的活动。

原始生产工具，特别是狩猎工具即为最早的兵器。

在距今八九千年前的新石器时代，人类制造工具、兵器的技术有了一次大的进步：由天然石块、打制石器发展到磨制石器。中国、印度、地中海附近等地区的原始部落群，率先掌握了当时最先进的磨制工艺。经过精工磨制的石兵器，平泽、锐利，种类也相当多。

为了把磨制的石器和木棒结合在一起，发明了钻孔穿槽技术。为石器打眼穿孔，堪称新石器时代的"尖端技术"。掌握了这种技术，就可以制造石木结合的复合兵器。长长的手柄，延长了人的手臂，大大提高了搏击能力。大量出土文物证明，中国黄河流域是最早发明和掌握此项技术的地区之一。带柄穿孔石刀、石钺（亦称石斧）是当时常见的生产工具，也是最具威力的兵器。氏族首领大都使用刃部宽大、锋利的石钺，石钺逐渐成为权力的象征。

鹳鱼石斧图彩陶缸

1978 年，河南临汝县阎村出土了一件国宝级墓葬彩陶缸，其最珍贵的价值是缸上的彩绘鹳鱼石斧图。它讲述了一个远古战争的故事：一个以鹳为图腾的氏族首领，率众战胜了以鱼为图腾的敌对氏族。为了颂扬他的英雄业绩，远古时期的画师在47厘米高的陶缸上绘制了这幅鹳鱼石斧图。这件新石器时代仰韶文化的珍贵文物，是中国迄今发现的时间最早、面积最大的一幅彩陶画，专家根据彩绘内容推测：鹳是墓葬死者的氏族图腾，鱼是敌对氏族的图腾，石斧象征死者的权力，全画表现氏族首领率领本族战胜敌人的英雄业绩。这件彩陶缸收藏于国家博物馆。2003年，国务院公布了64件不可出国展出的特级文物，鹳鱼石斧图彩陶缸名列首位。

黄帝与蚩尤的战争

在新石器时代中晚期,各种形制的兵器被广泛用于战争。中国古代传说中最早的一次大规模战争——黄帝与蚩尤的涿鹿之战,就发生在这一时期。

距今5000多年前,中国黄河流域主要有三大部落集团:黄帝部落集团、炎帝部落集团和蚩尤东夷部落集团(九黎族为主)。其中,黄帝、炎帝两部落融

涿鹿之战

合后，通称华夏部落集团。《国语·晋语》记载："昔少典娶于有虫乔氏，生黄帝、炎帝。黄帝以姬水成，炎帝以姜水成。成而异德，故黄帝为姬，炎帝为姜。"黄帝部落集团发祥于黄河中游地区（今陕西北部），后来南下，东渡黄河，进入今山西、河北地区。炎帝部落集团兴起于渭水上游，后来迁徙到黄河两岸的今河南、河北、山东接壤地区。蚩尤为首的东夷部落集团，主要活动于泰山以西，以及今冀、鲁、豫交界地区。华夏部落集团东迁后，与东夷部落集团的领地靠得很近。为争夺适于牧猎和浅耕的地带，华夏部落集团在太行山与泰山之间的涿鹿地区与蚩尤部落集团展开大战（涿鹿，一说在今河北石家庄附近的涿鹿南，另说为邢台地区的巨鹿县）。传说，蚩尤既聪明又勇敢，他的军队不仅武器精良，而且阵法变化无穷。他用兽皮制成大鼓，大鼓发出响雷般的声音，使黄帝的军队胆战心惊。他利用大雾把黄帝的军队团团围住，使黄帝损失惨重。黄帝依照北斗星的原理，造指南车辨明方向，才冲出重围。黄帝依靠与炎帝联盟的强大力量，经过多年苦战，终于打败蚩尤，在冀州将其擒杀。涿鹿之战以华夏部落集团的胜利而告终，对中华民族的融合有着重大影响。

《史记·五帝本纪》引用更早的古书《龙鱼河图》记载："蚩尤兄弟81人，并兽身人语，铜头铁额，食沙造五兵，仗刀戟大弩，威震天下。……天遣玄女，下授黄帝兵符，伏蚩尤。"

这里说的"五兵"，是对兵器的泛称，一般指弓矢、殳、矛、戈、戟。弓矢即弓箭，最早用于狩猎，

蚩尤雕像

是最早转化的兵器之一。殳，是古人对棍棒的称呼，又叫杵、杖、棓，是一种打击兵器。矛，最早形态是前端修尖的木棒，后发展为用石头、骨角制成矛头，绑缚在木棒的前端。戈，由镰刀类工具演变而来，福建、广东的一些新石器时代遗址出土过石制戈头。戟，是一种戈、矛合成一体的兵器。

中国古籍和传说中，称"蚩尤造五兵""黄帝以玉为兵"（《孙膑兵法》称黄帝制剑），把兵器的发明归功于部落集团首领蚩尤和黄帝。汉代画像石上的蚩尤像是一个似人非人的神兽状怪物，头顶、手中、身旁都是他发明的兵器。

进入青铜时代

原始社会末期，人类发现了比石器更锐利的金属，并开始利用金属制造工具和兵器。在五金——金、银、铜、铁、锡中，金、银、锡质软，不适宜制作生产工具。除天然陨铁石，铁都是以化合物的形式存在于矿石中，必须经过冶炼。而铜有天然的，而且有一种叫孔雀石的铜矿石，用木炭加热到摄氏1000多度，就能炼出铜来，因此铜成为最早被人类利用的金属。真正的金属时代是从冶炼铜和使用青铜器开始的。青铜是铜和锡或铅等元素的合金，因为色青，故称青铜。它与纯铜相比，熔点较低，硬度较高，具有较好的铸造性能，适宜用来制作非常尖锐和开口锋利的兵器。

现代考古证明，世界上最早使用金属的地方是西亚的美索不达米亚，即两河流域。大约在公元前4000年，该地区的苏美尔人率先进入青铜时代。公元前2800年乌尔的罗亚尔墓葬（今伊拉克境内）出土的青铜斧，含锡8%～10%，是最早的铸造含锡青铜制品。含锡10%左右的青铜，硬度比红铜高4.7倍，成为制造兵器的重要材料。

公元前1479年，埃及法老索特摩斯三世率领的军队，在被埃及占领的亚洲西部——今叙利亚、巴勒斯坦等地区，与反抗埃及统治的部落进行了一场大战。索特摩斯三世乘坐战车，率装备青铜兵器的军队，突破叛军扼守的麦基多山口，将卡德希为首的反抗力量一举击溃。这是人类历史上最早见诸文字记载的战争。此后，索特摩斯三世发动了15次进攻性战役，征服了亚洲、非洲及地中海周围的许多王国。这些王国的军队使用的多为石、木兵器。索特摩斯三世在位54年，他是世界上第一个帝国的缔造者，被西方史学家誉为"第一个世界英雄"。他依仗的就是青铜兵器的威力。这个靠青铜兵器称雄的第一个大帝国，可称为"青铜帝国"。

中国何时进入青铜时代？1975年，在甘肃马家窑文化遗址（东乡族自治县）出土了一把青铜小刀，碳14测年为公元前2740年，含锡为6%～10%。它是用两块范闭合浇铸而成的，一块范刻出刀型，另一块是平范。刀铸成后，刃口经过戗磨或锻打。实物可证实，中国在5000多年前已经初步掌握青铜的冶铸技术。《史记·孝武本纪第十二》记载："黄帝作宝鼎三，象天地人也。禹收九牧之金，铸九鼎。"古书还称：夏禹（公元前21世纪）"以铜为兵"，表明当时已经开始使用青铜兵器。但青铜兵器数量还不多，尚处于"金石并用"时期。到了商、周、春秋战国时期，军队大量装备青铜兵器，而且种类齐全，制作精美。距今3600年前的河南偃师二里头文化遗址，出土了戈、刀、箭镞等40余件，有范铸痕迹，由纯铜、锡青铜、铅青铜、铅锡青铜多种合金制成，显示冶铜业已有一定的发展。

河南安阳小屯殷墟妇好墓出土的12件青铜兵器，则均为锡青铜，含锡量在8%～19%之间，硬度高且锋利。从夏代到战国，是中国青铜兵器长足发展的时期，虽然石制、骨制类兵器仍在使用，但是最精锐的格斗兵器和防护装具则以青铜材料为主。1976年，在河南安阳小屯殷墟妇好墓中出土了近2000件青铜器、玉器等，其中最珍贵的兵器类文物是妇好铜钺。妇好是商代第23代王武丁的配偶。武丁在位59年，开创武丁盛世，王后妇好是其得力助手。史载，妇好经常领兵作战。在与羌族的一次战争中，她率大军13000人与羌军激战，大获全胜。她是有文献记载的中国第一位著名女将军。此时，铜钺不仅是威猛的实战兵器，还是统帅权威的象征。

青铜时代在中国历经约1500年，商、周时期是中国青铜文化的一个高峰期。在河南安阳侯家庄1004号商代大墓的墓道中，曾出土一大批商王禁卫兵的青铜兵器，其中有矛730件、戈72件，胄140余件。此时的军队装备，已经见不到石兵器的踪影了。青铜兵器取代石兵器是一个质的飞跃，由于制造兵器材料的变化，引发了人类历史上第一次军事变革，称为金属化军事变革。

商代亚醜铜钺（上），透雕张口怒目的人面型，长32.7厘米，刃宽34.5厘米。商后期人面铜钺（下），长31.8厘米，刃宽35.8厘米

与此同时，青铜冶

商代铜刀

铸业达到了相当大的规模。考古人员对春秋时期湖北大冶铜绿山古铜矿附近发现的炉渣进行推算,该矿累积提炼出的铜至少有4万吨。青铜冶铸技术也快速发展,冶炼工艺由矿石混合冶铸的低级阶段,发展到铜和锡、铅按一定配比冶铸的高级阶段。在

商代陶坩埚

产量、质量不断提高的基础上,铸造的戈、矛等铜兵器更符合实战需求,杀伤效能大幅度提高,还创造出一些新型的青铜兵器,如弩机、戟(矛、戈联体)、剑等。1953年,河南郑州二里岗出土商前期炼铜用的陶坩埚。它的使用标志着炼铜效率的大幅度提高。

铁器时代的兵器

据迄今为止的考古成果，世界上最早的铁器产生于公元前20世纪的小亚细亚赫梯地区。生活在底格里斯河流域（今属伊拉克）的亚述人，最先认识铁的性能比铜优良，率先进入铁器时代。铁是质硬、耐损的优良金属，用铁制成的兵器坚牢而锐利，可大幅度增加剑、矛刺的长度，克服了青铜质脆易折的缺点。而且铁矿分布广泛，原料比铜丰富、价廉。公元前13世纪赫梯王国衰亡，其冶铁技术分别向东（叙利亚、巴勒斯坦）、向西（希腊）传播，逐渐普及于欧亚大陆。

公元前8世纪，亚述国王提格拉·帕拉萨三世废弃民兵组织，建立了一支常备正规军，而且全部配备了铁制兵器（铁制梭镖，弓箭兵发射铁箭头），并严格训练士兵，成为世界上第一支使用铁兵器的大军。

而此时的埃及军队，使用的依然是铜兵器。公元前700年左右，亚述国王指挥军队向巴比伦、埃及等国发动进攻，所向披靡，一度占领埃及，建立了横跨欧亚大陆的亚述帝国。这个靠铁兵器称雄世界的第二个大帝国，可称为"铁器帝国"。

中国是世界上最早发现和使用铁的国家之一。商代中期，华北地区有一位兵器制造师，无意中发现了几块从天上坠落的陨铁石，十分坚硬。在铸造铜钺时，他将陨铁石熔化，制成了一件铁刃铜钺。

陨铁石难以满足大量制作兵器的需要，而自然

虢国玉柄铁剑

界中所有的铁都是以化合物形式存在的，必须经过冶炼。1990年，在河南三门峡上村岭虢（guó）国墓出土1把西周晚期的玉柄铁剑；1978年，在甘肃灵台景家坪的墓葬中，也出土过1把春秋时期的铜柄铁剑。可以肯定，中国在公元前8世纪已经掌握了人工冶铁技术，并开始用铁制造兵器了。到战国时代，出铜的山467座，出铁的山3690座，各诸侯国都设有冶铁基地，据不完全统计有30多处，并专设工师、冶尹等工官来主管冶炼和兵器制造事宜。

铁有生铁、熟铁之分。生铁含碳量很高，性硬而脆，可以制造农具，制造兵器并不优于青铜；熟铁缺乏碳素，性柔软，不能制造高硬度的兵器。熟铁的含碳量达到一定程度就成为钢材。只有进到钢铁阶段，才能制造更优越、可取代青铜的兵器。河北易县燕下都遗址，曾出土79件铁器，其中有矛、刀、剑等一批钢铁兵器。魏国一座墓葬，发现钢铁兵器80余件。

在公元前3世纪的战国晚期,钢铁兵器已经普遍装备军队。铁剑长度普遍达到70～100厘米,最长可达140厘米。燕人铸刀剑,采用块炼铁渗碳法:将熟铁块放入炭火中加热,然后淬火(把金属工件加热到一定温度,然后浸入冷却剂急速冷却,以增加强度和硬度),再反复加热、锤打,铁的表面便渗进了碳微粒,铁质变得十分坚硬,制成了最初的钢。燕国冶铁师还首创局部淬火技术,使刃部刚硬锋利,脊部富有弹性。有的冶铁师出奇招,把高温烧红的刀迅速放入一

手持环首刀的汉代士兵

大盆牲畜的尿中冷却,"浴以五牲之溺,淬以五牲之脂"。这种方法制造的刀剑十分锐利。这是因为牲畜的尿中含有盐分,钢在尿中冷却的速度比在水中慢,可获得更好的韧性,还能减少淬火时可能产生的脆裂和形变。

到了汉代,制钢技术有了重大突破,发明了炒钢、百炼钢等新技术,在世界处于领先地位。炒钢是先将矿石冶炼成生铁,向熔化的生铁水中鼓风,同时搅拌,促使生铁水中的碳氧化。生铁(含碳量较高)变成熟铁(含碳量较低),然后经过渗碳法,反复锻打成钢。百炼钢是炒钢技术的进一步发展。百炼钢以炒钢为原料,以反复加热叠打、细化晶粒和夹物为工艺特征。一般以反复折叠锻打的最后层数表示炼数,"百炼钢"并不一定炼数是100,但肯定是在五六十次以上,晶粒和夹杂细化的程度很高,已经锻打成为质量精良的钢。东汉时,百炼钢技术普遍推广。史料记载,刘备令工师造钢刀5000口,刻有"七十二湅"字样,锋利无比。

一位网友这样评论:西汉是铁的时代,蓬勃兴起的炼钢业将西汉军队铸成为那个时代罕见的钢铁雄师。钢铁提供了兵器更为坚韧的骨骼,催生出长达1米的环首刀。在尚无马鞍和马镫的骑兵眼中,那粗犷有余、细致不足的直窄刀身蕴含了前所未见的凌厉杀气,厚实的刀背将轻易承受住猛烈挥砍的应力,使他们化身为扑袭的猎鹰。环首刀彻底取代长剑是在东汉末年,在那之后它将作为一个经典和传奇横跨过300年时光,直达隋唐。

金属兵器引发的军事变革

金属兵器取代石木兵器,是金属化军事变革的基本标志之一。同时,由此引发了职业化军队的建立、朴素军事理论的诞生、作战方式的变化。

在以石兵器为主的年代,战争规模小,双方都是杂乱队形,信息指挥手段仅仅局限于肉眼观察和声音呼号,"作战方式"主要表现为个体搏斗和群体混战。

金属兵器成为主战兵器后,战争规模扩大,出现了步兵、车兵、骑兵,信息指挥手段发展为击鼓、鸣金、快马、狼烟等,人们认识到布阵作战能够产生更大的战斗力,严整密集的阵式作战成为主要作战方式。公元前1027年周武王灭商的牧野之战,300乘战车和几万士卒,排成许多整齐的方阵,以整个方阵作为一个战术单位,像一堵墙一样屹立着。

秦兵马俑军阵

前进时，六步七步就要停一下，调整后再前进；交手打四下五下之后，也要照顾队列整齐。从商周到秦汉、到三国，阵式作战一直是主要作战方式。由单一的方阵向圆阵、雁阵等多元方向发展。《孙膑兵法》中讲八阵，总结了八种常见的阵法。八阵图，则是由三国时期诸葛亮推演兵法所创的阵法。

秦始皇陵出土的陶俑军阵：5600余人组成9个4路纵队为阵的主体，前有200余人为前锋，后有200余人为后卫，左右各有200余人为侧翼，整个军阵宽60米、长200余米。

汉代以后，由于骑兵逐步成为主要兵种，战争机动性增强，特别是火药兵器普及后，阵式作战方式逐步衰弱，直至被线式作战和灵活的散兵作战方式取代。

在西方，阵式作战也曾称雄战场上千年。最著名的当属马其顿方阵。马其顿原是古希腊北部的一个小城邦，公元前4—前3世纪崛起，国王腓力二世成为希腊联军统帅。他创造了一种以长矛兵为主体、多兵种配合的密集作战队形。作战时，士兵手持6～7米的马其顿长矛，以整齐的队形，像一面带刺的墙向敌军冲击，号称马其顿方阵。腓力二世的儿子亚历山大率这支大军远征波斯，建立了一个西起希腊，东至印度，南迄埃及，北临多瑙河的马其顿帝国，横跨欧亚非三大洲。历史学家称：亚历山大的盖世武功，是靠有力的武器、合理的组织编制以及高明的阵式战术相结合而取得的。在战术史上，阵式作战的出现是一次飞跃，有人称之为第一次飞跃。"它的全部意义在于，智慧第一次站起来同蛮力斗争，而且成功了"（卢林：《战术史纲要》35页，解放军出版社）。

随着金属兵器、多军兵种职业化军队和阵式作战的出现和发展，朴素直观的军事理论诞生，也是金属化军事变革深化的重要标志。西方最早反映古希腊斯巴达与特洛伊战争的著作《荷马史诗》，讲述这场发生在大约公元前10世纪、以"特洛伊木马"闻名的战争，目的是为了争夺名叫海伦的希腊美女。古希腊"历史之父"希罗多德的著作《希腊波斯战争史》，记述了战争的起因、过程、结果，但缺乏理论的抽象。在漫长的奴隶社会和封建社会发生的金属化军事变革中，中国人创立的军事理论达到世界最高水平，出现了《孙子兵法》《吴子》《孙膑兵法》《六韬》《管子》

蒙古文《孙子兵法》

等著作。其中,《孙子兵法》是人类历史上第一次对战争规律进行的理性探索,被誉为"世界古代第一兵法"。

《孙子兵法》在国外有50多种文字的版本,印刷上亿册。

从世界范围看,金属化军事变革从公元前3000年前后开始萌芽,公元前后得到较大发展,历经青铜兵器和铁兵器两个阶段,到中国汉、唐时期被推向高峰。

从公元前206—公元220年的400多年间,刘邦建立的汉朝,从综合国力到军队实力,堪称是世界上最强大的国家。但汉民族占统治地位时期的中国,一直是防御型战略,没有大规模向外扩张,也就没机会与同期的罗马帝国(公元前30—公元284年)一较高低。古罗马帝国军队的主要武器是铁制的短剑、盾牌和重标枪(长2.2米,一半为带铁枪尖的金属杆,另一半为木头制成,易投掷,穿透力极强)。在杰出统帅恺撒大帝的指挥下,征服了整个地中海地区,建立了横跨欧亚非的大帝国。

大汉王朝与罗马帝国没有较量过,但有一个骁勇善战的民族——匈奴,既与大汉王朝征战多年,又与罗马帝国狭路相逢,可将匈奴的命运做一个间接比较。

匈奴原是聚居中国北方大漠南北的游牧民族(今蒙古、内蒙古)。在中国古代北方民族中,匈奴最早统一了大漠南北的全部地区并建立起强大国家政权。它兴起于公元前3世纪(战国时期),衰落于公元1

世纪（东汉时期），在中国北方共活跃了约300年。

匈奴最高首领称单于，骑兵是主要作战力量。《史记·匈奴列传》记载，匈奴兵种"尽为甲骑"——普遍配有轻便、坚固盔甲的骑兵；匈奴兵器"其长兵则弓矢，短兵则刀铤"，"控弦之士三十余万"。匈奴刀剑多以铁制成，刀大多安装有木柄。

机动灵活而又庞大的匈奴骑兵，构成了草原第一帝国的军事基础，为匈奴族角逐草原霸主提供了坚强的军事保障。

匈奴经常南下袭扰。公元前200年冬，汉高祖刘邦亲率步兵32万人迎击匈奴，在平城白登山（今山西大同东北）被匈奴优势骑兵（号称40万人）围困7天7夜。后用陈平之计，派人私下以厚礼疏通冒顿单于的阏氏，才得以脱围。此后多年，汉对匈奴采取"和亲"和防御战略。到汉武帝时，汉王朝建立了强大的骑兵，对匈奴实施战略反击。经过10多次大战（河南之战、漠南之战、河西之战、漠北之战等），于公元前36年打败匈奴，卫青、霍去病都是与匈奴作战的著名将领。

匈奴后分裂为南匈奴和北匈奴，南匈奴归顺汉朝，与汉族同化。北匈奴在东汉时远走欧洲。后来，他们在顿河沿岸与阿兰国进行一场大战，阿兰王被杀，阿兰国灭，余部臣服于匈奴。几年后，匈奴又向西征讨，灭掉了位于黑海北岸、日耳曼人所建立的东哥特王国。匈奴人继续向西，把西哥特人赶过多瑙河。匈奴人再征服北方的诸日耳曼部落，夺取了匈牙利平原。被匈奴人驱逐的几十万日耳曼人大迁徙，逃

匈奴骑兵

入罗马帝国境内。当时的罗马军团,是以步兵为主的方阵,主要武器是短剑和标枪。公元378年,罗马军团在多瑙河以南的色雷斯地区,与败给匈奴骑兵的哥特骑兵进行了一次大战,史称亚得利亚堡战役。勇猛的哥特骑兵挥舞长矛和利剑,以雷霆万钧之势发动袭击,冲垮了罗马军左翼。密集的罗马步兵方阵,在哥特骑兵冲击下大乱,很快被击溃,6万精兵死伤4万多,东罗马皇帝瓦伦斯也战死沙场。此战不仅是被压迫者反抗罗马暴政的胜利,也是骑兵对步兵的胜利。

匈奴人在亚洲建立的帝国被汉军大败后,又在欧洲一度建立了一个庞大的帝国:东起咸海,西至大西洋海岸;南起多瑙河,北至波罗的海。在失去了强有力的领导人阿提拉之后，匈奴帝国很快瓦解。

匈奴铁骑的西征，如同推倒了"多米诺骨牌"，将强悍的日耳曼人逼出丛林，使鼎盛一时的罗马帝国从分裂走向衰亡，欧洲也在此后步入封建时代。

匈奴能称雄欧亚，主要靠强大的骑兵。匈奴马匹身体略矮，头部偏大，属于蒙古马。蒙古马虽不高大，但体能充沛，耐力持久，行动迅速，非常适应高原环境，因此，蒙古马作为草原战马更较其他马种占有优势。这些优良的战马再配上先进的御马工具——马笼头和便于乘骑的马鞍、马镫，大大增强了匈奴军队的战斗能力。打到欧洲去的匈奴骑兵，最重要的一件装具，就是从中国带去的马镫。

面对面的格斗——
长兵器与短兵器

古代冷兵器种类、形制繁多,中国民间泛称为"十八般兵器"。其具体说法有八九种之多,较为常见的是:刀枪剑戟,斧钺钩叉,镋棍槊棒,鞭锏锤抓,拐子流星。实际上远不止上述十八种,这种说法只是一种泛称。之所以取"十八"之数,是因为中国古代有尚九及九的倍数之习俗。冷兵器中的格斗兵器可划分为两大类:长兵器与短兵器。一般将接近或超过身长、用双手操持的兵器称为长兵器,如戈、矛、戟、殳等;而一般用单手操持的剑、短刀、匕首等则称为短兵器。它们都用于近距离内的厮杀,构成了一幕幕刀光剑影的战争奇观。

十八般兵器

举起你们的戈

公元前 1046 年冬，周武王率兵车 300 乘、虎贲 3000 人、甲士 4.5 万人讨伐商纣王，奔袭商都朝歌（今河南淇县）。进至牧野（淇县南卫河以北地区），与商军展开决战。布好阵势、发动进攻之前，周武王为激励将士斗志，举行了庄严的誓师。他大声发令："称尔戈，比尔干，立尔矛。"（《尚书·牧誓》）顿时，数万名车兵、徒兵手中的铜戈铜矛高高擎起，防护盾牌鳞次栉比，在晨曦中闪着凛凛寒光。以战车为主力的周军发起攻击，商军"前徒倒戈"，周军乘胜攻克商都。牧野之战宣告了商朝的灭亡。

牧誓

中国商周时期的战争以车战为主,车战所有的兵器中,戈的作用尤为突出。戈是中国古代独有的一种长柄格斗兵器,接战时既可横击、啄刺,又能后拉勾杀,特别适合车兵使用。商周时期凡与战争有关的象形文字常绘有戈的图像,至今汉字中的"武""戎""战""戒""戡"等字,依然为戈部首,即渊源于此。用于攻击的戈和用于防护的干(盾),是商周时期士兵的标配,"干戈"一词,既可泛指各类兵器,"动干戈"又成为军事行动的代名词。

戈由长柄(秘)和横装的戈头组成。标准形态的戈头以青铜铸制,分为前后两部分,前部为"援",就是平出的刃,上下有刃,前有尖锋,是戈的主要杀伤部,长约八寸,宽二寸;后部为"内",呈榫状,用于装柄固定，其上有穿绳缚柲的孔，称为"穿"。在"援""内"之间设置有凸起的"阑"。在戈"援"下刃接近"阑"的弧曲下延部位有"胡"，"胡"上也有"穿"。"胡"越长"穿"孔越多，柄和戈头绑缚得就越牢固。最古的石戈，仅有"援""内"，无"胡"无"穿"。商代铜戈多为短胡单穿，西周时期将胡身加刃，胡的长度一般为戈刃的三倍，约六寸。春秋战国时期盛行长胡多穿。实战证明，胡长穿多，绑在柄上的戈头不易脱落，这是戈进化阶段的主要标志。戈头横装于柲上，柲多为木质或竹质。据《考工记》载，"戈柲六尺六寸"。从商代金文图像亦可大致判断戈柲的长短，金文中持戈或荷戈者，戈长约为人高的三分之二，可推测戈柲约为 1 米。从出土实物看，戈柲长短也是视用途而异，配备步兵的柲短，配备车

戈

兵的柲长。湖南长沙浏城桥出土的春秋晚期铜戈，长柲达314厘米，短柲为140厘米。

河南偃师二里头遗址出土的戈，是迄今为止出土最早的青铜戈，是3500年前的制品。到了商代，戈成为军队中的主要格斗兵器。1967—1977年，在河南安阳出土了一批青铜器，其中有230件是铜戈，为同时同地出土的铜矛的三倍多。

到战国时期，随着车兵的衰落和步骑兵的兴起，以横击勾啄为主、不具备前刺功能的戈，已经不适应新的作战方式，在战争中的地位有所下降，但仍是重要的格斗兵器之一。河北易县战国墓葬出土文物中，有一大批铸有燕王名的铜戈，均为长胡多穿的样式。战国晚期，钢铁兵器使用渐多，曾盛行于青铜时代的戈逐渐被淘汰，仅能在王侯的豪华墓室中看到。河北满城西汉中山靖王刘胜墓中曾出土一对长胡三穿铜戈，配有鎏金的鸳鸯形龠（yuè）和镦（套装于柲下端，锐可插地）的铜戈，为仪仗用具。西汉以后，戈便绝迹。

威猛而短命的戟

春秋时期，人们把长胡多穿的青铜戈和青铜矛联装在一起，推出了一种既能供车兵使用，又适宜步兵、骑兵使用的威猛武器——戟。它的秘前设有直刃，旁边枝生横刃，可勾、可啄、可刺、可割，杀伤力比戈和矛更强。

戟萌芽于商代。河北藁城台西的商代遗址中，曾出土一支矛、戈合体的青铜戟，在矛柄前端接矛銎处横安一个戈头，柄长85厘米，是至今我国发现的最早的戟。西周时期，戟开始大量用于战争。当时的戟都是整体铸成的，就是把刺、援、内、胡铸造为一个整体的"十"字形戟。有两种做法：一是以矛为主体，侧出一横刃；二是以戈为主体，延长和加宽前身的锋刺。这两种戟曾用于车战，但制造工艺比较复杂，戟头易脱落，战斗性能并不比单体矛和戈优越，西周末期被战争实践淘汰。

春秋时期出现的新型戟，戈、矛分铸后联装。这种戟直刺有力，横钩也不易脱落。戟的柄也有很大改进，除了一般的木柄，出现了一种积竹柄，柄中心为一根较粗的有棱木棒，外裹16片青皮竹篾，用丝线缠紧，再涂上黑漆或红漆。这种柄竹木兼用，坚固而有韧性。《考工记》记载，用于车战的"车戟"，柄长一丈六尺（约合3.2米），是车兵手中重要的格斗兵器。步兵、骑兵也大量装备戟，步兵的尺寸较短，称"短戟"，骑兵使用的称"马戟"，长度介于车兵、步兵之间。还有一种单手握持的短柄戟，称为手戟，双手各持一柄同时并用,又称"双戟"。至战国时期,由青铜材料发展为钢铁材料的长戟、短戟、戈矛联装戟,成为各国军队的主要武器装备。

公元前259年,平原君和毛遂到楚国晋谒楚怀王,劝其联赵抗秦,分析军事形势时称:"今楚地方五千里,持戟百万,此霸王之资也。"(《战国策·赵策》)史书上还常见"持戟之士"等说法,"戟"已被作为军队和士兵的代称了。

为了提高杀伤力,戟的形制不断改进。吴、越、楚等地流行一种"二果""三果"联装戟,即两戈一矛同秘、三戈一矛同秘,柄长3米左右,是一种以勾杀为主要功能的车战兵器。湖北随县曾侯乙墓中,就出土有这种长柄三戈戟。多果戟的戟援,都是第一个有内,其余的均无内。

战国后期到魏晋,盛行一种铁制"卜"字形戟。戟刺尖锐细长,侧旁垂直伸出的小枝变成像前锋一样窄长尖利,刺援合体,"内"已消失,用来缚秘的胡加长,整个戟近似于"卜"字形。这种戟刃锋尖利,杀伤力强,很快成为步骑兵的主要兵器,人们常用"长戟百万"夸耀军力之强大。河北满城西汉中山靖王刘胜墓出土两柄"卜"字形铁戟,安装积竹柄和铜镈,长度分别为1.93米和2.26米。

战国三果戟(左)和"虢太子元徒"青铜戈(右)

面对面的格斗——长兵器与短兵器

虎牢关"三英战吕布"

三国时期，不仅有长戟、双戟，还有用于防身自卫的短柄手戟，既可刺击，又可投掷。公元218年10月，吴主孙权"亲乘马射虎于㛢亭。马为虎所伤，权投以刃戟，虎却废"（《三国志·吴志·孙权传》）。三国时期许多名将都善于用戟，如武艺超群的吕布，吴将太史慈、甘宁，魏将张辽、典韦等。三国时期第一猛将吕布，武功卓绝，无人能敌。手持方天画戟，胯下赤兔马。在虎牢关，刘备、关羽、张飞三兄弟联手跟吕布对打，只打了个平手。这就是所谓的"三英战吕布"。典韦的大号双戟，重达80斤。

晋代以后，钢铁甲胄盛行，重甲骑兵成为战场上的主力军。要杀伤对方人马，必须穿透敌方铠甲。而戟的直刺部分不长，横刃下支成为累赘，穿透力远不如矛，逐渐走向衰落，至隋唐最终退出实战兵器

薛仁贵手持方天画戟

行列。唐朝名将薛仁贵,天生神力,手持方天画戟,在战场上立下了赫赫战功。这仅仅是个例而已。

戟虽从实战兵器序列中消逝,但对它曾盛行战场800年的雄风,人们依然记忆犹新,常被作为官僚显贵表示等级身份的仪仗。隋朝规定,"三品以上,门皆列戟"。唐以后,文武官员都以门前列戟为荣耀。一个叫张介然的节度使,朝见唐玄宗时,要求在他的家乡宅门树戟,不然"富贵不为乡人知"。在唐代,门前树戟是文武官员的一项崇高荣誉,唐典章对树戟的资格、戟数、形式都做了详细规定,僭越者将被问罪严惩。陕西乾县唐懿德太子李重润墓中的壁画有两架列戟,共24柄,正符合皇帝宫门规定之数。

矛与枪纵横数千年

戈与戟各领风骚数百年，而在《考工记》中与戈、戟同列"车之五兵"的矛，却具有更强的生命力，乃是古代军队大量装备和使用时间最长的一种直刺、扎挑式长兵器。

矛，中国古代因各地方言不同又称鏦、鍦（后俗写为枪）等，骑兵用矛称矟、槊。矛由矛头和矛柄组成，柄称为矜。兵器进入金属化时代后，矛头多以金属制作，矛柄依然多用木、竹、藤等制作，少数用金属制作。

早在原始社会时期，人类便把尖形石块或兽骨兽角绑缚在长木棒前端，作为狩猎的工具，这是矛的雏形。在中国多个新石器时代遗址中，发现用石头或动物骨角制造的矛头。

夏商时期开始使用青铜矛。安阳殷墟出土的商代前期（公元前16世纪）青铜矛，制造工艺已经相当精美。商矛的特点是矛头宽大，矛头为双刃，长20多厘米，最长的为26.6

商代铜矛

吴王夫差矛

厘米。铜矛头由中空装柄的骹与矛体构成。骹的两侧有环钮，利于将矛头牢固地绑缚在柄上。骹向前延伸形成矛体的中脊，左右扩展为带侧刃的矛叶，并前聚成锐利的尖锋。

西周后，矛向细长演变，刃部加长，锋部结实厚重，两侧的环取消，形式简化，种类增多，分为步兵用的酋矛和车兵用的夷矛。夷矛一般长二丈四尺（1周尺折合 0.227～0.231 米），乃是"车之五兵"中最长的一种兵器。兵车交锋，两车相对而驰，车兵矛更长者往往会先得手，因此兵家有"一寸长，一寸强"之说。湖北随县曾侯乙墓出土的战国楚矛，柄长 4 米以上。

吴王夫差矛制作精美，出土时锋利如新，长 29.5 厘米，矛体有菱形暗纹饰，脊上铸有较深的血槽，正面有错金铭文"吴王夫差自乍用"。

战国时期，出现了钢铁制造的矛。河北易县燕下都遗址出土的兵器中，有 19 件窄叶铁矛，矛头 33～38 厘米，最长的一件长达 66 厘米。经化验，矛头是用铁块炼钢制成的。汉代以后铁矛逐渐取代铜矛，成为军队的主要装备。骑兵在汉代成为军队的主力兵种,便出现了专供骑兵使用的长矛,称为矟、槊。

此前的铜矛矛头普遍较重较长,锋部圆钝,刺击时主要靠重力才能洞穿敌甲盾。新一代钢铁制造的矛头,前锋锐利,许多矛的长度缩短,重量也减轻了。唐代以后,矛头尺寸显著减小,威力不减而更轻便适用,此时就常称矛为枪了。《唐六典》记载,唐代枪分为四种,即漆枪、木枪、白干枪和朴头枪,分别装备骑兵、步兵和用于训练。据唐代兵书《太白阴经》记载,唐制每军 12500 人,枪占"十分",军中每个

唐代执矟骑兵

士兵都配有一支枪。枪不仅用于作战，宿营时用于支撑帐篷，涉渡江河时用于扎缚木筏，是用途最广的兵器。唐代骑兵用枪亦称矟，唐初名将尉迟敬德、程知节都善用马矟，军中还有用以组成阵列的"排矟兵"。

宋代军队作战也是以枪为主，枪的种类繁多。北宋庆历四年（公元1044年）刊印的《武经总要》，记载了9种形制各异的枪，其中的双钩枪、单钩枪、环子枪等为骑兵用枪，素木枪等为步兵用枪，无锋刃的槌枪为训练用枪，还有可投掷的梭枪。此外，还有专用于攻城、守城或在地道内作战的短刃枪、短锥枪、

杨家枪

抓枪、蒺藜枪、拐刃枪、拐突枪等。许多勇士骁将善于用枪，如著名的杨家将，杨业父子都是使枪能手，创立了传承后世、荣耀武林的枪法——杨家枪。

火器开始使用后，矛枪仍是军中必备的冷兵器，居"白刃之首"，一直与火器并用到清代后期。据史料记载，明代开国皇帝朱元璋带兵作战，身携两支枪，其中一支长约一丈六尺，枪柄有一握粗，用于步战；另一支长约一丈二尺，施于马上。枪涂黑漆，上悬黑缨、黑旗，"每遇大敌，辄率骁骑冲中坚，绕敌后"。行伍中见到朱元璋枪上的黑旗，"士争奋，敌辄大溃"。朱元璋持此枪身经百战，枪柄上留下三处刀痕，黑旗上有五处矢洞，成为朱元璋炫耀武功的历史见证。他在南京建立大明王朝后，特命把这两支枪陈列在午门的中楼黼座之后，以激励后人。

清代晚期，长枪等冷兵器在新军中被淘汰，残存于绿营、八旗军中的长枪趋于单一化，枪头一般为扁形，圆底，筒外加数个铜箍，外形接近矛头，一直与火器并用到20世纪初叶。人民革命武装发展初期仍大量使用长枪，南方革命根据地称长矛、梭镖，北方称为红缨枪。

马其顿长矛与马其顿帝国

在世界上很多国家，矛是应用最广泛的兵器之一。长柄矛用于格斗，短柄矛称标枪，用于投掷。早在公元前30世纪，在埃及和两河流域就出现了铜矛。长矛和盾牌是公元前20世纪前后的埃及中王国步兵的主要兵器。最著名的当属古希腊时期的马其顿长矛，它与马其顿帝国的建立息息相关。

古希腊军队中，大量地使用标枪和长矛。多山的希腊不适宜骑兵机动，而着重依靠不断改进的步兵方阵进

马其顿长矛方阵

行作战。步兵方阵纵深8～12排不等，前面2～3排的士兵将矛对着敌方，后面各排把矛架在前一排士兵的肩上，步兵手中矛的长度通常为6～9英尺（1.8～2.7米）。

公元前5—前4世纪，这种使用长矛的方阵被马其顿人发展到高峰。马其顿是古希腊北部的一个城邦，希腊各城邦之间冲突持续不断。在马其顿国王腓力二世统帅下，马其顿军队成为当时世界上一支装备精良的部队。马其顿军队重装步兵的基本武器是长矛，矛柄采用坚硬的山茱萸木，一般长约4米，后增长到4.5～5.5米，被称为马其顿长矛，是古代世界大规模使用的武器中最长的一种。腓力二世借鉴希腊方阵，创造了一种以长矛兵为主体、多兵种配合的密集作战队形，史称马其顿方阵。重装步兵方阵士兵称甲兵，携带马其顿长矛，戴头盔，挂胸铠，裹胫甲，持圆盾。方阵纵深为16人，队形也不像希腊方阵那样密集，士兵之间有较大的间隔。马其顿长矛通常握在离柄端0.9～1.8米的位置，方阵前4～5排士兵的矛头对准前方，后面各排士兵握矛的姿势或倾斜或垂直于地面。马其顿方阵的编制与现代军队的编制类似。通常64名甲兵组成一个排，128人组成一个连，256人组成一个营，1024人组成一个团，4096人组成一个师，即初级方阵。4个初级方阵组成联合方阵。经过严格训练的马其顿方阵，作战时长矛兵以整齐的密集队形，跑步向前推进，像一面带刺的墙向敌方冲击，骑兵、轻装步兵、辅助兵等则在两翼或前后配合。轻装步兵也是步兵的精华，区别在于使用的矛短一些，披戴的盔甲轻一些，有较强的机动性，可快速夜行军，可袭击城堡，可跟随骑兵扩大战果。

公元前338年，为争夺希腊的霸权，马其顿军队与雅典、底比斯联军在希腊中部的喀罗尼亚展开了一场大战。起初，雅典将领根本没把马其顿人放在眼里，因其军力在希腊众多城邦中首屈一指。腓力二世将自己的部队一分为二，他统领右路军，其18岁的儿子亚历山大统领左路军。左路军与敌初次交战后便伪装退却，引诱雅典军尾追。左路军则加紧向底比斯军队进逼，重装步兵方阵如同一座"矛城"，排山倒海般压向敌军，很快突破其防线。此时，腓力二世命令右路军停止撤退，在预选的平坦战场上与雅典军队

亚历山大三世率军同波斯军队激战

展开决战。在马其顿长矛下，无数雅典人命归黄泉，马其顿军队大获全胜。此役之后，马其顿赢得军事和政治上的优势，成为泛希腊同盟的盟主，腓力二世被推举为希腊联军统帅。

在科林斯召开的各城邦大会上，腓力二世宣布：亲率大军东征波斯，使马其顿成为世界帝国。他厉兵秣马，做好了远征的准备。公元前336年，在参加为女儿举行的婚礼上，腓力二世被刺身亡。其子亚历山大继承王位，史称亚历山大三世，时年仅20岁。在平息内乱和反叛后，亚历山大三世作为希腊联军统帅，即为实现先父的宏伟计划开始了10年的征战。

古波斯曾是世界上最强大的帝国，希腊诸多城邦也曾遭其侵犯，到大流士三世统治时期开始没落。公元前334年春，亚历山大三世率3万步兵、5000骑兵、160艘战船组成的联军东征，在格拉尼库斯河畔与波斯军队进行了第一次交锋。波斯军的标枪如滂沱大雨，铺天盖地；马其顿人的长矛似万道金光，左刺右扎。马其顿步兵的盾牌抵御住敌军的标枪，马其顿长矛方阵却让波斯人惊恐万状。在亚历山大三世的指挥下，充分发挥长矛优势，取得了首战胜利。一位波斯将领向国王大流士三世汇报军情时说："士兵们一见到密密层层向前伸出的长矛阵势，就吓得魂不附体了。"

波斯国王大怒，亲率13万大军（号称60万），在西里西亚东部的伊苏斯与亚历山大三世展开决战。此时，曾威震欧亚的波斯军团因长期沉浸在舒适享乐的环境中，战斗力并不强。而亚历山大三世的远征军，步、骑兵虽然只有3.5万人，但装备精良，训练有素,特别是拥有独门绝技的长矛方阵,堪称当时世界上最英勇善战的军队。

亚历山大三世占据有利地形,把重装步兵部署在开阔平坦的中央战场,骑兵置于左右两翼。经过一场异常激烈的厮杀,马其顿长矛兵再显神威,波斯军队全线溃败。伊苏斯大会战,波斯军队被歼灭10万余人。大流士逃过幼发拉底河收拾残部,同时派出使者求和,遭拒绝。

公元前325年,亚历山大三世定都于巴比伦。此时,马其顿帝国的版图西起希腊,东至印度,南迄埃及,北临多瑙河,横跨欧、亚、非三大洲。历史学家评论:亚历山大三世的盖世武功,是靠优良的武器、合理的组织编制以及高明的战术相结合而取得的。

伊苏斯大会战

短剑、重标枪与古罗马帝国

在战争舞台上,任何一种兵器都难以长盛不衰。马其顿长矛曾以"长"的优势称雄于战场,但兵器过长则不灵活,马其顿重装步兵方阵仅适宜在开阔地上作战。正当马其顿长矛威震世界时,欧洲西部的古罗马开始崛起,成为一个难以对付的军事强国。

公元前300年左右,古罗马建立了具有高度机动性的军团作战体制,士兵的主要武器为短剑和重标枪。此前,古罗马骑兵和步兵主要采用长矛和弓箭进行作战,以砍杀为主的剑为辅助兵器。新的古罗马军团,改用以刺杀为主的短剑,长度约0.61米,剑体很重,刃宽超过5厘米,剑头十分尖利,剑柄用木、骨、象牙或金属制成。训练有素的古罗马士兵具有大无畏的勇敢精神和高超的剑术,敢于与敌人短兵相接。同时,配以结实的长圆形盾牌(高约1.22米,宽约0.61米),可将身体的大部分遮盖住,有利于在逼近敌人时保护自己。

在古罗马军队中,重标枪起初只是短剑的辅助兵器,后来变得与短剑同样重要。重标枪长约2.2米,一半为带铁枪尖的金属杆,一半用木头制成。这种标枪容易投掷,穿透力极强,单手投出的距离可达18米。古罗马军团的士兵通常都携带着短剑、重标枪,一轻一重,这两种兵器的采用和完善,使古罗马军队形成了强大的战斗力。在人类军事史上,单兵作战的士兵第一次从密集队形的束缚中解放出来,高度机动的军团取代了早期的方阵队形。以大队为战术单位的古罗马军团堪称古代军队中适应性最强的作战部队。

古罗马军团相当于现代军队的一个师，由10个大队组成，4500～5000名士兵，其中包括约300名骑兵。基层战斗组织是小队，由两个"百人队"组成，设一名军官指挥（百人队长）。百人队后来的人数减至60～80人，但百人队这个名称一直保留了下来。两个古罗马军团加上配属的支援部队组成一个集团军，约2万人，由罗马执政官指挥。

配备短剑和重标枪的罗马骑兵

★ 面对面的格斗 —— 长兵器与短兵器

配备短剑和重标枪的罗马士兵

公元前197年，在希腊东北部的西诺塞拉法拉战役中，卓越的年轻将领弗拉米尼纳斯率领古罗马军团与马其顿方阵进行了首次大较量，两支军队各有大约2.6万人。马其顿军由腓力五世统帅。他忘记了亚历山大三世的一个重要教诲：马其顿方阵的设计是专门为在平坦开阔地上使用的。腓力五世指挥方阵在不利地形上与古罗马军全面开战。古罗马军团以灵活机动的方式接近马其顿军方阵，士兵们先是齐投重标枪，而后冲上去用短剑与敌近战拼杀。近距格斗中，昔日势不可挡的长矛显得格外笨拙，被锐利的短剑击断，马其顿方阵出现了缺口，整个方阵很快土崩瓦解。

此后，古罗马军团在杰出统帅恺撒大帝指挥下连年征战，征服了整个地中海地区。古罗马军团是欧洲最早以剑为主要兵器进行作战的军队。

剑与刀此起彼落

剑在中国也曾有过辉煌的历史。大约在青铜兵器走向全盛的商代，由矛头及匕首演变成一种直身尖锋的双刃短兵器——剑，主要用于近战劈刺。早期的剑都比较短小，一般约30厘米，多用于卫体防身。1957年，陕西长安张家坡第206号西周墓出土一把柳叶形青铜剑，剑长只有27厘米，上有2个圆孔，以供贴附木柄之用。商、周时期，两军交战以车战为主，远距离用弓箭对射，近距离以戈、矛交锋，剑很少用于实战。

商代羊首青铜短剑

到了春秋时期，剑逐渐受到重视，剑的形制、材料也有了改进。当时，吴国、越国相继崛起，争霸于南方；楚国也出兵中原与列强角逐。由于江南地区水网纵横，战车几乎无用武之地，步兵和水兵是吴、越、楚军队的主要兵种，铸剑技术在江南地区得到长足发展。剑身大都超过50厘米，剑与盾配合，成为近战格斗的一种常规武器。

吴越地区出现了一批擅长制造青铜剑的工匠，《吴越春秋》和《越绝书》记述了欧冶子、风胡子、干将、莫邪等铸剑大师的业绩，说他们冶铸的名剑可"陆斩犀兕（sì），水截蛟龙"。传说越王勾践酷爱宝剑，重金聘请铸剑大师欧冶子进宫为他铸剑。欧冶子花费了几年时间，铸造出5把青铜剑，剑名分别是湛卢、纯勾、胜邪、鱼肠、巨阙，都是"削铁如泥"的稀世宝剑。

1965年12月，从湖北江陵县望山1号楚墓中，发掘出1把铭有越王勾践之名的青铜剑。勾践也写作句践，公元前496—前465年在位。此剑全长55.6厘米，柄长8.4厘米，剑格宽5厘米，剑身布满精美的菱形花纹。剑格正面和背面铸有装饰图案，并镶嵌蓝色琉璃和绿松石。剑的外形和合金配比都有突破和创新。经测定，该剑成分为铜80.3%、锡18.8%、铅0.6%，刃口两度弧曲的外形，利于直刺。剑首铸有11道同心圆，显示了铸剑师的卓越技艺。出土时，剑置于黑色漆木剑鞘内，剑身光亮，完好如新，刃薄锋利，毫无锈蚀，铸造之精美，居中国同类剑之冠。剑身近格处镌有8个错金鸟篆体铭文：

春秋越王勾践剑及剑身铭文

"越王鸠浅自乍用鐱。"鸠浅即勾践，乍即作，鐱即剑。

之所以在楚国故地发现越王剑，是因为越王勾践卧薪尝胆，率军打败吴国后，不久又被楚国灭掉，带有越王、吴王铭文的宝剑成为楚军的战利品，吴越精湛的铸剑技术在楚国得到继承和发展。湖北襄阳蔡坡12号墓曾出土1把吴王夫差剑，安徽庐江和南陵分别出土1把吴王光剑。它们也都十分精美锐利，达到了很高的技术水平。南陵出土的吴王光剑，全长77.3厘米，剑体长65厘米，剑格宽4.6厘米，重1千克。剑上有两行阴刻鸟虫书体铭文"攻吾王光自乍 用剑以战戍人"。吴王光即吴王阖闾，春秋五霸之一，公元前514—前496年在位。

剑从防身自卫武器变成步兵近战格斗武器，剑身随着实战的需要和冶铸技术的进步而不断加长。春秋时期的青铜剑平均长度约50厘米，到战国晚期，青铜剑的长度达到八九十厘米。秦兵马俑坑出土的青铜剑，最短的83.6米，最长的达到93.4厘米。

春秋至战国时期，剑脊和剑刃含锡量不同的复合剑广泛使用。据测定，复合剑的剑刃含锡量高，硬度高，锋利；剑中脊含锡量低，有的还加入较多的铅，韧性强。青铜兵器制造技术，关键是要有合理的合金配比，才能达到既锋利又坚韧的性能要求。中国工匠能分铸出脊部和刃部含锡量不同的复合剑，使脊部坚韧，刃部锋利。国内出土的青铜剑不仅有著名的越王勾践剑、吴王夫差剑等，还在湖北、湖南、安徽、山西、河南等地陆续出土了十多把带有越王或吴王铭文

战国越王州句剑,长 57 厘米,剑主为勾践之孙

的东周青铜剑,这些国宝级兵器精品曾于 2008 年在军事博物馆展出。

军事博物馆陈列的战国双色剑,剑身中间含锡量低,韧性较好;两刃含锡量较多,硬度较高。

为防锈蚀,这些青铜剑采用铬酸盐表面氧化处理技术。经化验测定,秦始皇陵兵马俑出土的青铜剑表面上有一层 0.01～0.15 毫米厚的含铬化合物的氧化层,虽深埋地下 2200 多年,出土后依然乌光锃亮,锋利不减当年。

尽管青铜剑的制造技术已臻完善,但它有一个致命弱点,即剑身无法再加长,长则易断。铁的发现和利用,引发了兵器材料的革命,剑发展中的难题迎刃而解。中国迄今发现的最早的人工冶铁兵器,是西周晚期的一把玉柄铁剑,出土于河南三门峡上村岭虢国墓地,长仅 33.1 厘米。湖南长沙出土春秋晚期铁剑,经鉴定采用的是含碳 0.5% 的中碳钢,金相组织均匀,是由块炼渗碳钢制成的。战国时期,铁兵器广泛使用,列国中武力最强的秦国和楚国率先进入铁兵器时代。湖南楚墓出土的铁剑较多,剑长多数接近 1 米,最长的达 1.4 米。河北易县燕下都遗址出土一大批士兵生前使用过的兵器,其中 5 把剑是用块炼铁渗碳锻制成的钢剑,采用了淬火技术,是迄今中国发现最早的淬火兵器。

到汉代，随着冶铁炼钢技术的发展，钢剑的质量显著提高并普遍装备军队。河北满城中山靖王刘胜墓出土的钢剑，以块炼铁为原料，反复加热渗碳、折叠锻打而成。刃部经过淬火，刚硬锋利，而剑脊未经淬火，仍保持韧性，刚柔相济，质量比燕下都出土的钢剑有明显提高。刘胜的这柄优质钢制成的佩剑，具有更高的硬度和韧性，剑身也更长，为104.8厘米。江苏徐州铜山出土的建初二年（公元77年）"五十涑"钢剑，长109厘米，用不同含碳量的炒钢为原料反复折叠锻打而成，刃口经过淬火处理。长剑和盾配合使用，是战国至西汉时期步兵的标准武器配置，在战场屡建战功。

据《魏文帝集》等史料记载，曹操和他的儿子曹丕都很重视炼剑。曹操监制冶炼锻造的名剑"倚天"和"青虹"，犀利无比，削铁如泥，一把赐给夏侯恩，一把随身佩带。曹丕"幼学击剑，阅师多矣"。他令工师制造的三把宝剑，用清漳河水淬火，淬后复炼，炼后复淬，反复百次，使杂质汰尽，称为"百辟"。这些剑钢质纯正，光熠耀人，长度达四尺二寸。

汉代朝仪时，上至皇帝，下至百官，无不佩剑。上朝后，"至殿阶解剑"。西晋以后，重刀轻剑，在战场上剑逐渐被刀取代，剑或作威仪之用，或作佩饰自卫之用。《武备志》中称："古之言兵者必言剑，今不用于阵。"

在中国短兵器发展进程中，刀的崛起是与剑的衰亡紧密联系在一起的。促成这一转变的主要原因在于骑兵的大量使用。骑兵作战主要靠挥刃劈砍，脊薄量轻、以前刺功能为主的剑不受骑兵们的欢迎。于是，一种分量较重，刃薄脊厚，专用于劈砍的单面侧刃兵器——刀，应运而生。这一转变过程是在西汉到东汉约400年间完成的。东汉末年，环柄铁刀普遍使用，铁刀取代了铁剑。此后，剑不再作为军队的必备兵器，而主要用于佩带和民间的一些活动。而某些文学作品在描写宋代、明代的战争场面时，仍把剑作为军队的主要格斗武器，出现猛将骁士策马挥剑、刀光剑影的情景，这就违背了历史真实。

新石器时代的石刀、骨刀、玉刀和青铜时代早期的青铜小刀，可视为刀的雏形，形体都比较短，主要用来削物、屠宰牲畜或防身自卫。周代以后，青铜刀才逐渐用于战场，但至今商、周时期的青铜刀发现数量仍很少。

战国末年，战车走向衰落，骑兵开始驰骋战场，刀成为军队的主要装备武器。西汉时期钢铁冶锻技术长足进步，出现一种大量使用的环首刀。这种刀直体长身，薄刃厚脊，短柄，显著特征是在柄首处有一个扁圆状环，可用于系结饰物。

在河南洛阳西郊的23座西汉墓中，出土了一大批环首刀，长度为85～114厘米。山东苍山发现的东汉永初六年（公元112年）环首刀，全长111.5厘米，刀身宽3厘米，刀脊厚度与刀身宽度之比约为1∶3，刀身装饰错金火焰纹，并有18个字的错金隶书铭文："永初六年五月丙午造卅湅大刀吉羊宜子

关公手持偃月刀

孙。"卅湅"（炼），是指刀坯加热叠打的层数为30。这种工艺使钢的组织致密，成分均匀，夹杂物减少、细化，提高了成品的质量，经检验测定，该刀是用含碳量较高的炒钢为原料，经过反复折叠锻打制成，刃部经过淬火，刀中的硅酸盐夹杂物约有30层。在日本还发现过一把中国汉灵帝时期（公元182—189年）制造的钢刀，刀身上有"百炼清钢"铭文，这种先进工艺制成的刀就是著名的"百辟""百炼"钢刀。史料记载，魏武帝曹操曾延请铸刀名师，历时三年，造了五把"百辟"宝刀。其子曹植获赠一把后写了一篇《宝刀赋》，称赞"百辟"宝刀的锋利"逾南越之巨阙，超有楚之太阿"。

蜀国诸葛亮也很重视造刀，他特请著名的兵器制造师蒲元在斜谷为蜀军造环首钢刀3000把，能劈开装满铁球的竹筒，被誉为神刀。其诀窍是造刀者能识别不同水质对淬火质量的影响。《三国志·蜀志·蒲元传》记载：蒲元"熔金造器。特异常法"。刀成之后，他嫌"汉水钝弱"，不适宜淬火之用，派人去成都取爽烈的蜀江水来淬火。有一人取回水后，刚一淬火，蒲元就发现不对头，找来取水人说："这水怎么掺进了涪江水，不能用了。"取水人不承认，坚持说没有掺进涪江水。蒲元拿刀往水中一划说"掺进去八升，还敢狡辩！"取水者连忙伏地叩头谢罪："我在渡过涪江时，背的水桶翻了，怕回来交不了差，就掺进去了八斗涪江的水。"由此记载可知，当时的淬火技术已经达到了很高的水平。

从汉代画像砖和石窟寺的壁画中，可以看出环首刀作为质量优良的短柄钢刀，辅以长形盾牌，是当时步兵的主要装备，一直沿用到魏晋南北朝时期。

刀的种类中，不仅有以单手握执为主的短柄刀，还有需双手握执的长柄刀。古文献中著录长柄刀始于《三国志》。关羽所用的大刀形如偃月（半弦月），称为偃

唐刀

持仿倭腰刀的明军士兵

月刀。唐宋时期，出现了多种形制的长柄刀，成为军队中大量装备的兵器。《新唐书·兵志》记载，陌刀是唐军步兵的主要兵器，军队中编制陌刀队，并设有陌刀将。这是一种长柄尖锋两刃刀，通长一丈，重十五斤。大将李嗣业善用这种新式大刀，"每战必为先锋。所向摧北"（《唐书·李嗣业传》）。北宋兵书《武经总要》列举了多种长柄刀，有掉刀、屈刀、眉尖刀、笔刀等。《水浒传》描写的梁山泊108名好汉中，以刀为兵器的最多。元明时期，火铳、鸟铳等火器陆续大量装备军队，但短柄的刀仍然是步兵骑兵的必备兵器。据明代戚继光在《练兵实纪》记载，步兵骑兵都用单手执握的腰刀，也装备有长柄的夹刀和长刀。这种情况一直延续到清代后期。

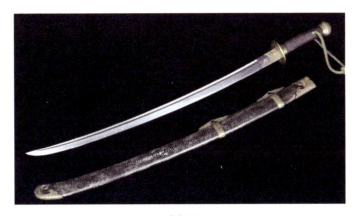

戚家刀

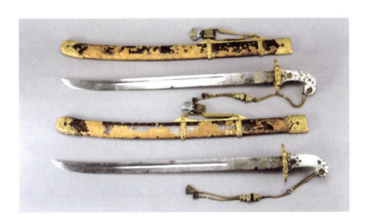

乾隆御用"宝腾"和"振远"腰刀

日本刀与大马士革刀

受中国文化影响较深的日本，也经历了剑衰刀兴的发展过程。在中国唐代以前，日本刀剑并重，宋代以后则愈重刀轻剑。目前在日本出土最早的中国刀，是东汉灵帝中平年间（公元184—189年）的百炼钢刀。日本古坟时代（公元4—7世纪）出土的大批铁刀，形制都类似于中国的环首刀，刀身为直形。平安京时代（公元794—1192年）中期以后，日本刀形制与中国刀有了显著差别，刀身由平直改为具有特定的弧度，并出现许多著名的制刀工匠，形成自己的风格。此后，经过镰仓、南北朝、室町、安土桃山、江户等时期的发展，日本刀不断发展，日趋精良。其刀柄与刀刃的比例通常为1∶3，双手持握刀柄，劈杀有力。刀的弯曲度控制在"物内"，即锋尖下16.7毫米处，砍劈时此处力量最大，十分符合力学原理。刀背称"栋"或"脊"，用以抵挡攻击。

日本刀在制法上集合了相当高的技术，需经过炼钢、丸锻、淬火、烧刃等过程，而后由刀工配白木柄鞘以保存刀刃。日本刀的材料钢，被称为和钢或玉钢，以日本传统土法炼成。这是一种低温炼钢法，炉温不超过1000℃。高温炼出的钢材较软，易打造成形；而低温炼出的钢材较硬，较难打造。玉钢所含成分大致为：铁95.22%～98.12%、碳0.10%～3.00%、铜1.54%、锰0.11%、钨0.05%、钼0.04%、钛0.02%，其他元素微量。

"丸锻"，是日本刀锻造过程中的第一步。刀匠将钢料加热至赤红，而后反复进行折叠捶打，使钢料得以延展。通常少则捶打7～8次，多则达20～30次，每次都要捶打上百锤。通过这一工序，可将钢中硫等杂质和多余的碳素等清除，使钢材质地均匀，具有很好的弹性和韧性。日本刀上那些特有的花纹就是这样锤打出来的。

"淬火"，日本称水减，实际是一种热处理工艺，是刀匠控制钢材含碳量的手法。刀匠将加热后的和钢锤打成扁平的、厚度约5毫米的薄片，而后用水将其急速冷却，多余的含碳部分剥离，使刀身具有良好弹性，刀口坚硬不易缺口。刀匠要对钢片的温度和用水的分量有极准确的把握，才能够得到含碳量合适的材料。

"烧刃"，是最后一道火锻工序。刀匠先用黏土、木炭粉和磨刀石的粉末调制出烧刃土，再将成形的刀身用烧刃土包封。把封好的刀身放到750～760℃的炉火之中。刀匠根据火焰的颜色判断炉内温度，若温度超过800℃以上，就会影响刀的强度。刀匠将加热后的刀再放到水中急速冷却，进行另一道淬火工序。通过此步骤刀变得更硬更锋利，刀身产生弧度，刀的表面生成一层非常坚固的"马氏体"。这种晶体是高温晶体结构因为受到急冷，使得碳原子被锁紧在晶粒中而产生"亚稳"状态，所以晶体之间存在很大的内在张力，造成坚硬的效果。而经过此步骤，在刀刃与刀面的边界处产生出如同洒上银沙般的颗粒碎段状暗光纹样，成为日本武士刀的独有特色。实际上，日本武士刀的全称即源于其特色花纹，称"日本平面碎段复体暗光花纹刃"。

精心打造的日本刀作为武器的同时，又以其优美造型而著称，很多名刀被当作艺术珍品收藏。武士一般配两把刀，一长一短，也有的配三把，加一把小刀（匕首）。长刀为战斗之用，短刀为辅助之用，或在危急时用于剖腹自杀。直至1877年，刀是日本军人或武士出门时的必带之物，被视为武士道之灵魂。刀上多有铭文和家徽，作为最富价值的家产世代相传。

江户时代的日本刀

军事博物馆陈列的日本刀

西亚、中亚地区的古代民族也喜好用刀，波斯的大马士革钢刀尤为著名，蜚声全球，为欧美各国古兵器收藏家所钟爱。有这样一个故事：瑞士人莫塞专事搜集东方古兵器，其藏品之丰富，在欧洲无与伦比，但唯缺一种古波斯名刀。一天，他闲逛于巴黎一个偏僻处的旧货店，在废铁堆中发现了一把锈迹斑斑

波斯钢刀

的波斯刀。他用几个法郎购回,经擦拭洗濯,刀身赫然显露阿巴斯大帝时期的铭文。这正是他多年来苦苦寻求的名刀。莫塞欣喜若狂,如获至宝。他穷毕生之力搜集的名贵东方古兵器约600件,另有数百件艺术品。莫塞老而无子,一位貌美年轻的女子嫁给了这位孤独的老人,但却是奔着他那价值连城的收藏品而来的。临终前,莫塞不顾少妻的竭力反对,将全部藏品捐赠给瑞士伯尔尼历史博物馆。各种形制的古波斯刀琳琅满目,成为伯尔尼历史博物馆的镇馆之宝。

波斯王赠俄国皇帝的钢刀

地跨欧亚大陆的土耳其人和阿拉伯人,作战惯于短兵相接,白刃相加。古代奥斯曼土耳其一种叫亚特坎(Yataghans)的弯刀极负盛名,全刀只有60～70厘米,刀宽3～5厘米,刃锋极为犀利。作战冲锋时,骑兵平持腰刀,策马疾驰,可迎割敌人首级落地。土耳其刀刀刃上有边槽或中槽,以便于刃入敌体后容易拔出。铸刀所用的钢,为大马士革花纹钢,也称乌兹钢。这种兵器材料原产地为印度，是用坩埚渗碳制钢的技术。方法是把块炼铁和木炭混合放入坩埚中密封，在强力鼓风的炉膛将坩埚加热到1200摄氏度保温，然后缓慢冷却，得到含碳1%～1.6%、重为1.5～2千克的饼形钢锭。这种钢锭即为乌兹钢，输入西亚、中亚地区作为制造刀剑的原料。

乌兹钢刀的使用范围很广，在地域上包含了北非、埃及尼罗河流域、阿拉伯半岛、小亚细亚、黑海沿岸、伊朗高原、高加索山脉、中亚沙漠和印度次大陆等地区，即几乎整个伊斯兰教流传的地区。不同地区不同民族使用的刀有着独特的形制，其中最具影响力的是波斯帝国萨非王朝、奥斯曼土耳其帝国、印度莫卧儿帝国锻造的乌兹钢刀。大马士革刀是欧洲人的叫法，用来指这些地区诸民族使用的乌兹钢平面花纹刀。由于欧洲人第一次遇到用乌兹钢制作的刀是在大马士革，便称其为大马士革刀，乌兹钢

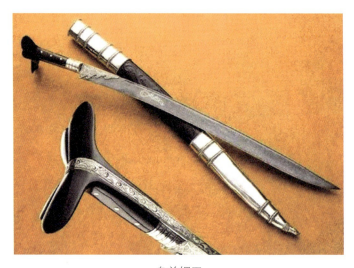

乌兹钢刀

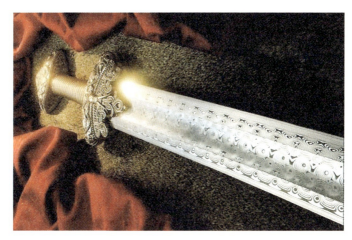

大马士革刀

称为大马士革钢。在过去相当长的一段时间内,古波斯(今伊朗)制造的大马士革刀数量、质量、影响力都名列前茅,其独特的冶炼技术和锻造方式,一直是波斯人的技术秘密,古时的蒙古、印度、土耳其以及东方各国王室均聘用波斯良匠铸造刀剑等兵器。

大马士革刀最大的特点是,刀身布满一种特殊的花纹,亦称穆罕默德纹。这种花纹是在铸造中形成的,所用的钢属铸造型花纹钢。它区别与折叠锻打形成的焊接型花纹钢(如中国刀、马来刀等),也区别于淬火型花纹钢(如日本刀)。大马士革钢又称结晶花纹钢,是古代粉末冶金和锻造技术完美的结合。

科学家经过研究发现,大马士革刀上的独特花纹,是由肉眼无法分辨的无数小锯齿组成的。正是这些小锯齿使得大马士革刀格外锋利,威力无比。大马士革刀上的花纹主要有两种性质不同的材料,亮处是纯的雪明炭铁，硬度比玻璃还大，暗处是沃斯田铁和波来铁。在韧性高的波来铁里均匀散布着比玻璃还硬的雪明炭铁，使得大马士革钢刀具有非常锋利的刀锋，且有非常坚韧而不会折断的刀身。大马士革刀的装饰也非同寻常。贵族的刀大量使用黄金宝石镶嵌，普通的刀也采用珐琅、金银错丝等工艺，精美至极。

法国皇帝拿破仑于1798年率领大军对埃及进行远征，其随行人员对乌兹钢刀在战斗中的表现留下了详细的记载：佩带着乌兹钢弯刀的埃及马穆留克骑兵，对我军造成的伤害可谓十分惊人。他们只是将刀前伸，靠着战马的冲力和手腕的力量将刀身砍入我们骑兵的身体，或是将刀身横拉，凭着相对速度造成可怕的伤口。在第七轻骑兵团与马穆留克骑兵发生过遭遇战之后，有的士兵甚至被拦腰砍成两段，有的身首异处，受了伤的伤势也极为严重，手背、手腕全部被切断，情况十分凄惨。战斗结束后，骑兵指挥官Colbert将军用一把缴获来的战利品来试刀，每次都可以将一头山羊或绵羊轻而易举地一刀拦腰切断，似乎毫无阻力，血就顺着乌兹钢刀的血槽流过。据说一个奥斯曼帝国的将领曾经一刀将一头牛砍成两段。缴获的乌兹钢刀剑装饰都十分华丽，护手大都是银质镏金、镀金或错金的，握把是黑色的犀牛角、水牛角，刀鞘内部为硬木外层包裹牛皮后以金、银、铜线缝合，刀鞘的鞘头和鞘口都用金银等贵金属镂刻制成，而且刀柄和刀鞘上多镶有红珊瑚、绿松石、红蓝宝石等宝贝，刀身上还以错金、银的工艺

缅刀

錾有刀匠的名字和古兰经谚语等，每把都是珍贵的艺术品。

这次远征之后，法国人参照马穆留克骑兵的服装和兵器，也组建了一支马穆留克骑兵。拿破仑说："法国步兵配上马穆留克骑兵，天下无敌。"

东南亚的缅甸、越南、泰国等国，也属中国文化影响深远的地区，均称呼刀为 Dao，脱胎于华音，其制刀术源自中国。缅刀曾闻名东方，制作十分精美。中国武术界相传：缅刀锐利柔软，可围腰作带。用时一拍即直，善以柔克刚。

欧洲中世纪，剑是骑士阶层的必备之物，决斗之风的盛行，更使剑有了用武之地。在欧洲多数国家军队中，尖锋双面刃的剑一直是短兵器的主体。作家塞

挥舞马刀的法国近卫猎骑兵军官

万提斯笔下的堂吉诃德持剑与比斯开人交战,即保留着一种变态的中世纪骑士遗风。到 16 世纪,单面刃、前端微翘的马刀才开始装备欧洲骑兵,逐步替代剑成为骑兵的标准装备,直至近代。

劈砍类兵器——斧、钺、戚

古代劈砍类兵器主要有三种——斧、钺、戚，它们的形状、功能相近。其中，斧的资历最老，石斧是人类最初发明的简单工具，利用力学的尖劈原理，以小力发大力；使用时间也最久，从先秦直至宋、明。

新石器时代的石斧，长 12 厘米，宽 8 厘米

新石器时代的石钺，长 13.8 厘米，刃宽 8.2 厘米

石钺起源于石斧，考古学家将一类扁平、穿孔、弧形宽刃的斧称为钺。石钺比石斧制作更精，很快成为专用兵器，材质进化为青铜后，盛行于商和西周，至战

夏代铜戚

国渐少，秦汉以后与斧混同。戚形体小，比钺狭窄，一般长度 10～20 厘米，重量 200～300 克，最重的也只有 1 千克左右，亦称小钺，流行于商代后期和西周前期，秦以后逐渐消亡。

公元前 1046 年 1 月，周武王与吕望（姜子牙）、周公、召公等率大军自镐京（今西安西）东进，讨伐商纣王，在孟津会合蜀、羌、微、卢、彭、濮等八个方国部落军队，直捣商都朝歌（今河南淇县），两军决战于牧野。誓师后，周武王"左杖黄钺，右秉白旄"指挥战斗，大获全胜。商纣王逃回朝歌登鹿台自焚而死。周武王又"斩以玄钺，悬其头小白之旗"以示众。胜利后的第二天，举行接管商王朝政权的典礼，"周公旦把大钺，召公把小钺以夹武王"。从上述《史记·周本纪》和《史记·鲁周公世家》的记载可以看出，商末周初的钺，不仅是叱咤战场的利器，也是军队指挥权和国家统治权的象征。

在新石器时代遗址中，曾出土过许多石钺，夏、商时期的军队则装备有青铜钺，多为弧形刃，刃的两端微向上翘，身薄而宽。这种劈砍兵器由钺头和钺柄组成，装柄的方式与戈类似。《史记·殷本纪》记载，夏代末年，"桀为虐，政荒淫，而诸侯昆吾氏为乱。汤乃兴师，率诸侯，汤自把钺以伐昆吾，遂伐桀"。商、周时期的青铜钺形体较大，装饰华美。山东益都苏埠屯商墓出土的青铜钺，钺头长 32.7 厘米，上有狰狞的人面纹饰。河南安阳殷墟妇好墓出土的铜钺，是这位中国历史上的著名女将军带兵出征的威权象征，此钺长 39.5 厘米，刃宽 37.5 厘米，重达 9 千克，饰以精美的虎噬人头纹。盘庚时期的甲骨文对妇好率大军出征有翔实记载:"辛巳卜,贞登(征)帚(妇)好三千,登(征)旅万。乎伐。"此战商军兵力多达 1.3 万人。河北省平山县出土的一件战国初期青铜钺,制作精致,为中山国国王的宝器,钺上有铭文:"天子建邦,中山侯恚,左兹军钎(钺),以敬(警)厥众。"

北方草原地区的青铜兵器与中原地区有明显区别,大多饰有铃首、兽首,钺、斧多为管銎式。北京首都博物馆陈列着一件具有浓郁民族风格的商代青铜钺。钺头长 18 厘米、宽 14 厘米,刃部弯曲,两端后翻呈涡旋状,銎呈长筒状,銎背中间有铃,上下各一立兽,銎饰锯齿纹、网格纹,钺身有三个圆孔。甘肃灵台白草坡、原巴蜀文化区、广东、广西等南方地区,也发现一些耳形、靴形等特殊样式的商周铜钺,民族和地方特色鲜明,但与中原青铜文化也有着密切联系,青铜冶铸技术和工艺水平都达到了相当高的水平。

在河北藁城太西村、北京平谷刘家河曾各出土一件商代铁刃铜钺,是将陨铁制的刃嵌在铜钺援的前部,比普通青铜钺更加锐利。陨铁在当时是极其珍稀的天来之物,特用来制钺,突显钺在兵器中的地位。在商代,钺有多种功能。它首先是一种征伐用的兵器。《史记·殷本纪》称,"赐弓矢斧钺,使得征伐",具有所向无敌之意。其次,钺是一种刑具。《国语·鲁语》称,"大刑用甲兵,其次用斧钺"。铜钺刃宽体重,常被用作砍头的刑具。《礼记·王制》中

手持板斧的李逵

称,"赐铁钺,然后杀"。钺遂代表专杀之威,成为权力的象征。天子分封诸侯或授命大将出征时,也隆重授钺。《太公六韬·立将》中有这样的记述:"将受命,君操钺持首,授将其柄曰:'从此,上至天者,将军制之'。君复操斧持柄,授将其刃曰:'从此,下至渊者,将军制之'。"此段话表明,将军从君王手中接过钺柄以后,就有了征伐杀戮之权。后世称权力为权柄,就是由此而来。金文中的"王""皇"字,即作斧钺的形状,金文中还有用钺杀人的图像。

斧的发展也经历了石斧、青铜斧、铁斧几个发展阶段,主要由斧头、斧柄构成,有长柯(柄)、短柯之别。长柯斧又称长斧、大柯斧,是阵中使用的战斧。短柯斧柄长三尺左右(约合92厘米),是攻守城时挖地道的工具,也可用于格斗。《六韬·军用篇》记载:"大柯斧,刃长八寸,重八斤,柄长五尺以上。"《墨子·备城门》称,"城上二步置连梃、长斧、长椎各一物"，"长斧柄八尺"。唐代流行用斧，有长柯斧、凤头斧等。《新唐书·李嗣业传》记载，至德二年（公元 575 年），李嗣业率唐军与安禄山叛军激战于长安香积祠（今西安南），派"步卒二千以陌刀、长柯斧堵进，所向无敌"，击败了安禄山剽悍的骑兵。

宋朝时期，北方的西夏、契丹、女真都以骑兵逞强，南宋军队主要是步兵。步兵对付铁骑的利器就是战斧。《宋史·杨存中》记载，南宋名将杨存中率步卒以长斧击败了金军的拐子马："金以拐子马翼进。存中……使万人操长斧，如墙而进。诸军鼓噪奋击，金人大败。"另一名将王德也曾以万名长斧手，大破金兀术的十万铁骑。《水浒传》中"黑旋风"李逵的兵器是两把特别显眼的板斧。

斧钺的适用场合和杀伤力不如枪、刀，又比较笨重，钺在周代以后即逐渐转为仪仗、装饰、刑罚之用，战斧在火器出现后也很少在战场上应用，只是在水战时劈斩敌舰帆缆或在城防战斗中砍斫敌军攻城器具时可派上用场。

非制式格斗兵器

在十八般兵器中，除了在不同时期曾大量装备军队的制式格斗兵器（戈、矛、刀、剑等），还有一些装备数量不多的非制式格斗兵器，如锏、鞭、锤、叉等。这些也称杂式兵器，大都是根据部分人的特长或战斗需要制作的。

锏，古代使用它的名人不算多，但名气不小。人们常把最厉害的兵器称为"撒手锏"，以锏为兵器的唐代名将秦叔宝，被尊为"门神"，年年出现在传统年画中，为民间千家万户站岗。

北宋李纲锏

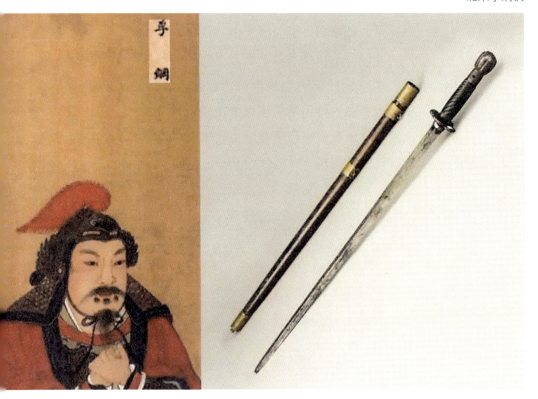

目前发现的时代最早的古锏实物，是北宋抗金名将李纲生前制作和使用的铁锏，称"李纲锏"，收藏在福建博物院，被视为该院的"镇院之宝"。李纲（1083—1140）自幼跟随父亲李夔过着戎马生活，当时宋朝面临的主要威胁是拥有强大骑兵的辽国、金国。他选择的锏，很适合与骑兵搏斗，主要用来击打敌兵坐骑的头部。金兵进攻汴京时，李纲率京城守军多次击退金兵。危急时刻，李纲持锏在第一线指挥督战，斩敌首数千级。绍兴十年（公元1140年）正月，李纲病逝于福州。病重中，他将御赐的所有武器、服饰赠予来看望的挚友韩世忠，独留此锏伴随至仙逝。但该锏并未跟着主人一同入葬，而是作为一件传世品，辗转至今。

李纲锏保存完整，形制精美，制作工艺高超，全长96.5厘米，内棱长74.1厘米，所配鞘长76厘米，总重约3600克。锏身呈棱状，渐往锋收。四刃每刃面宽1.6厘米。锏格呈四瓣花形，圆柱形的锏把材质为花梨木，锏把后端有穿孔。红木套鞘两面对嵌银丝，上有四瓣花、蝙蝠、牡丹等纹饰。近格处的刃面嵌金篆书："靖康元年李纲制。"虽然时光流逝近千年，刃仍然锋利光亮，纹饰清晰，令人百看不厌。

在中国古籍中，锤也称为鎚、锥、骨朵、金瓜等，是一种头部呈球状的打击兵器。战国时期即有使用铁锤的记载。《史记·魏公子列传》讲述的窃符救赵的故事中，魏公子信陵君通过如姬盗得魏王虎符，冒充魏王令，让魏军统帅晋鄙交出兵权。晋鄙合符后

岳家军八大锤

犹有疑虑，不肯马上交权。站在信陵君身旁的勇士朱亥，从袖中取出暗藏的 40 斤重的铁锥，击杀晋鄙，为信陵君夺取兵权立下大功。《史记·留侯世家》还记述了张良策划刺杀秦始皇的故事：统一天下后的秦始皇乘车巡游，行至一个叫博浪沙的地方。受张良指使的一名大力士，携 120 斤重的大铁锥埋伏于路旁，企图刺杀秦始皇。没想到击中的是副车，嬴政幸免于难。《说岳全传》中有个"八大锤大闹朱仙镇"的故事。这一战，岳公子银锤摆动，严成方金锤使开，何元庆铁锤飞舞，狄雷铜锤并举，一起一落，金光闪灿，寒气缤纷！只杀得金兵尸如山积，血若川流。这一战，岳家军八大锤名扬天下。元代蒙古骑兵善用铁锤，多用六棱形和六角形短锤，称雄于亚欧大陆。

　　古埃及自进入青铜时代，铜锤即成为重要兵器，并作为权标。公元前 24 世纪的一块石碑浮雕，表现的就是第五王朝法老手持权标，向被打倒的敌人显示王威的场景。从公元 8 世纪始，这种由坚实的木杆和变化多端的锤头组成的兵器风行全欧，曾为骑士们所钟爱。在中世纪的欧洲，佩锤是贵族和军事指挥官的重要饰物，从锤上棱条和凸缘的多少，即可看出主人的等级和地位。法国国王车驾前则有一名军士手持象征皇权的华丽金属锤，上面绘有百合花图案。直至今日，罗马教皇出行，还是由一群持锤卫队簇拥着，似乎是在提醒人们不要忘记锤作为兵器和权标的辉煌历史。

　　在格斗兵器中，还有一种值得一提，那就是棍棒。棍棒雅称殳，又称杵、杖、棓。无刃、无附件的殳为棍，有刃、有附件的为棒。据《说文》记载，殳

战国曾侯用殳

长一丈二尺,出土实物一般长3.3米左右。商周时期,铜兵器远不能满足战争的需求,一般只供贵族们使用,军队大量装备的是取材方便、制作简单的木棒。《尚书》对牧野之战有一段生动描述:"武王伐纣,战于牧野,前徒倒戈,血流漂杵。"

到了战国时期,殳的形制有了较大的发展,击刺作用大大增强了。军中出现铁殳,种类、形制趋向多元化。北宋时期刊印的《武经总要》中,记载一种狼牙棒,以坚重之木制作,长4～5尺(1.23～1.54米),一端粗大如瓜,表面用铁皮包裹并植以铁钉,砸击威力甚大。还记载一种杵棒,长短、形状、材料与狼牙棒类似,只是棒柄两端各装有一个带刺的棒头,也可列入狼牙棒类。在民间,棍棒一直是习武练功的常用器械之一,其中尤以少林棍最为著名。《西游记》中的孙悟空,靠金箍棒打杀妖魔鬼怪。优秀文学作品是现实生活的反映,金箍棒无非是士兵手中铁殳的神话。《水浒传》中的梁山好汉武松,打虎时使用的兵器就是一只不起眼的"哨棒"。

武松持"哨棒"打虎

百步外的功夫——
远射兵器

用现代的眼光看，冷兵器无不属于近战武器。但仍可从空间距离上把冷兵器时代的作战方式分为两大类：一类是面对面的拼杀，使用的是前面介绍的手持格斗兵器；另一类是能在数十米或数百米外间接打击敌人。古人发明和使用了多种远射兵器，主要是弓、弩、抛石机、投石带、飞镖等。这里重点讲述弓、弩和抛石机发明、发展的故事。

弓箭的发明与发展

弓箭是蒙昧时代人类的重大发明,是原始人最重要的狩猎工具,一度成为最重要的原始兵器。恩格斯说:"弓箭对于蒙昧时代,正如铁剑对于野蛮时代一样,乃是决定性的武器。"

最初形态的弓比较粗糙,弓臂是用单根木材或竹材弯曲而成的,把木棍、竹棍削尖即为箭。《易经·系辞下》称上古之人"弦木为弧,剡木为矢,弧矢为利,以威天下",即把一个木或竹条折弯拴上弓

原始人制作弓箭

弦，再把削尖的木棍当作箭，此后箭头又有磨制加工的石镞或骨镞，成为新石器时代最具威力的武器。早期弓箭虽然简单，却是人类一项伟大的发明：首次把人的体力和物体的弹力结合起来，是人类懂得利用机械能储存、释放能量的最早的例证。如果说任何工具和武器都是人手的延长，那么弓箭堪称是在火药诞生之前，人手的一次最伟大的延长。

弓箭可以远距离射杀猎物和敌人，是冷兵器时代最有效、使用最广泛的兵器。中国古代传说中，把弓箭发明的殊荣归于一个叫羿的英雄：远古时代，天上有10个太阳，晒得大地干裂，万木枯萎。百姓们请来了神通广大的羿。羿拿出特制的大弓，张弓放箭，一口气射掉了9个太阳。当他要射第10个太阳时，几位老人急忙上前阻止："留下这一个，让它给人间送来温暖。"

羿射九日

实际上，弓箭发明的年代，比古代传说更久远。1963年，在山西朔县峙峪村附近的一处旧石器时代遗址，发现了一个用燧石打制的箭头（石镞），长约2.8厘米，前锋很锐利。经放射性碳素测定，距今约28000

★ 百步外的功夫——远射兵器

年。从此镞加工精细的程度看，我们的祖先至少在三万年前就能制造弓箭，掌握了一种射猎远距离动物的利器。新石器时代的石镞骨镞，不仅更加锐利，而且有铤，便于与箭杆牢固结合。1963—1976年，南京博物院对江苏省邳县四户镇竹园村附近的大墩子遗址进行了三次发掘，在墓葬中发现了大批新石器时代的彩陶、石器等珍贵文物，1966年发掘出土

新石器时代的无铤石镞

的一件带箭伤的人骨，成为新石器时代弓箭被作为杀人武器的物证，碳14测定年代为距今6445±200年。

商周时期，弓箭的发展趋于成熟，弓箭成为战争的主要武器之一。最先发现的铜镞，是出土于河南偃师二里头的商代早期青铜镞。商周时期的铜镞结构多样化，有的采用有铤两翼结构，有的采用鏊形结构，镞上还有翼，穿透力更强。此时，战车作为主要

新石器时代的骨镞

石镞和带箭伤的人骨（大汶口文化时期）

商代铜镞,左为有鋬两翼结构,右为有铤两翼结构

作战平台,每辆战车上有甲士3人,主将在左,专管张弓射箭。在古代军队中,弓箭和弓箭手长期占有重要地位,有"军器三十有六,而弓为称首;武艺一十有八,而弓为第一"之说。兵家基于弓箭的威力及其在战争中的作用,将弓箭列为众兵器之首。据甲骨文记载,商军组建有特殊兵种——射队,不仅用于对羌人作战,更重要的任务是护卫商王。

当时,贵族是军队的主力,挽弓射箭是贵族士大夫的必修课,每个贵族从小就要学会射箭。射是"六

驷马战车

艺"（礼—礼仪、乐—音乐、射—射箭、御—驾车、书—识字、数—计算）之一。贵族家生男儿，必"设弧于门左"，还要让"射人以桑弧蓬矢，射天地四方"，即向天地四方射出六箭，然后才敢"食谷"。这种"射礼"，后来被作为风俗保存下来，哪家生个男孩，门口挂上一张弓，期待男孩长大后，勇武有力，能挽善射。

春秋战国时期，诸侯争霸，鲁史《春秋》记载的242年中，列国之间的军事行动多达480次，整个社会也形成尚武嗜勇之风，对战争中最具威力的弓箭射

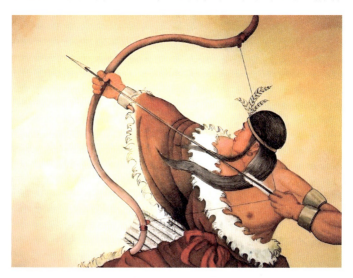

百步穿杨养由基

术尤为重视。对射术有"五射"的检验标准（车兵弓箭手）：拉弓要满，至前手食指前只露出箭头；双臂舒展到与箭平行，稳定到可以放置水杯；弓身弯曲，好似一口井；后手夹四支箭，依次连续射出；射出的箭不走抛物线，从下巴底下直穿敌喉咙。当时，将能射百步之外、百发百中、力穿多层之甲者称为"神射手"，技艺稍逊者为"善射者"。楚国名将养由基是春

秋时期公认的"神射手",《史记·周本纪》和《左传·成公十六年》记载:楚有养由基者,善射者也,去柳叶百步而射之,百发而百中之,左右观者数千人,皆曰善射。其射力可穿七重铠甲,发箭百发百中,射艺超群,被尊为养叔而不名。各国统治者为激励和保持民众尚武精神,大力推崇射艺、角力、剑道等各类军事竞技活动。孔子办私学,倡导有教无类,以"六艺"为本,言传身教传授射艺。《礼记·射艺》记载,向弟子们教习射艺时,"孔子射于矍相之圃,盖观者如堵墙",出现了千百人争相观看孔子亲自射箭的场景。

为了提高弓箭的杀伤威力,先民对弓和箭不断进行改进。弓逐渐由单根竹木制作的单体弓,发展成为两层材料黏合而成的合体弓,到东周时发展成为多种材料制成的复合弓。弓的制作形成了一套完整工

战国铜鉴纹饰和弓箭,纹饰可见士兵使用弓箭、戈、矛、剑等兵器

艺。周代的《考工记·弓人》记载，制作良弓，须选备"六材"，包括干（木、竹）、角、筋、胶、丝、漆。根据人的身长和体力，将弓分为上制、中制和下制三个型号，弓长分别为6.6尺、6.3尺和6尺（1周尺约合23厘米）。这类弓在竹木制的弓臂上覆裹上角和筋，大大增强了弓体的韧性、强度和弹射力。湖南长沙楚墓出土的一件保存完好的战国弓，全长140厘米，最宽处4.5厘米，厚5厘米，弓臂为竹质，两侧装角质弭，中间一段用4层竹片叠成，外黏有角质薄片状的动物筋、角，再缠丝涂漆。

制作复合弓的技艺十分讲究，一张普通弓也需要一年时间。"六材"需要在不同季节选取和加工。例如，加工弓干的木材（柘木优，桑木、橘木等次之，竹最差），须是在冬天，"凡木之材，至冬则坚凝可治"，加工出来的木料纹理细致；而制角则需在春天，春日阳气润泽，不发脆；加工兽筋，则宜夏天，天热时加工不易挛结。六种材料加工完毕后，须在第二年春天合成弓体，加上弓弦，而后再经过火焙、测力、试射，才算最后完成。而制作优良的强弓，则更要费时费力。齐景公让蔡人制弓，用了三年才完成，那是一张能射穿七札之甲的强弓。

复合弓技术大大增加了弓身可储存的势能，使射手能将更多力量转化给弓身，射出更快更远之箭。古人超常的臂力令人惊诧，《后汉书》记载，盖延、祭彤等骁将所用强弓为300斤。当时计算弓力的单位为斤，引满300斤的强弓，射手所用之力相当于提起150斤的重物之力。当然这其中也离不开始于商代的扳指的功劳。挽弓时在拇指上套戴的扳指，这项不起眼的发明，却令拉动强弓硬弩得以实现，避免因疼痛降低射速，甚至割伤手指。扳指对射手的意义如此重大，以至骑射起家的清朝王公贵族们最终使其异化成为一种首饰。此后，唐宋直至明清，复合弓制作技术和使用方式，与战国、秦汉时期变化不大。

商周箭镞多为铜制，早期式样为有脊双翼式，春秋前期出现了三翼铜镞，箭头凸脊、三角形扁翼，当

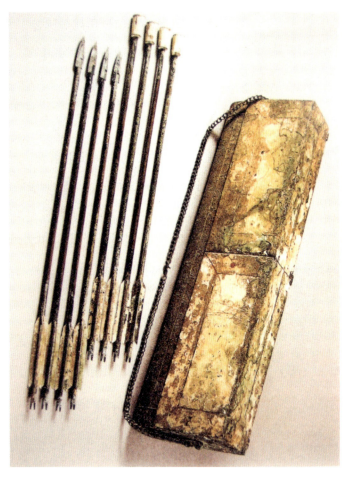

秦箭矢及矢箙

箭头刺入身体后，两翼的倒刺会牢牢钩住合拢的伤口难以拔出，血槽就像吸血蝙蝠般抽出敌人的血液。春秋晚期出现的三棱铜镞，即便拔出箭头，伤口也更难愈合，并且相应的血槽增至 6 个。秦俑坑中出土铜镞 4 万余枚，其中三棱铜镞占 99.85%，秦代箭头提高了致人中毒的铅含量。由于西汉冶铁业十分发达，铁镞逐渐替代铜镞。河北满城西汉中山靖王墓，发现箭镞 441 枚，其中铜镞仅 70 枚，钢铁箭镞 371 枚。汉代也常见铜镞装铁铤的三棱镞，西安汉武库遗址所出的三棱镞，铜镞锋与铁铤共长 1.6 尺（汉 1 尺约合 23 厘米）。

周代的弓用箭的长度约三尺（约 70 厘米），羽长六寸，刃长一寸。在箭尾装有鸟类羽毛制成的箭羽。箭羽不仅能增强箭矢飞行的稳定性，也可飞得更远，射得更准。箭羽以雕翎为最上，鹰、鸱、枭羽次之。雁、鹅羽则为下品，装这种羽毛的箭遇风容易斜窜。良弓配良箭，射程可达 150～180 米。

步兵、骑兵装备的弓箭有明显差别。汉、唐轻装骑兵武器以弓、刀等为主，主要装备角弓，即用筋角等材料制成的复合弓，形体小，强度大。而步兵使用的强弓形体较大，称长弓，射手可将弓的一端立于地上放箭，射程远且准。《北史·长孙晟传》记载：尝有二雕飞而争肉，因以箭两枝与晟，请射取之。晟驰往，遇雕相攫，遂一发双贯焉。"雕"这种大鸟，十分巨大而凶猛，是猎人们所公认最难射猎的鸟，而长孙晟居然一箭能射中两只，人们便用"一箭双雕"来形容射艺高超，也用它来比喻一举两得。唐太宗李世民作为文治武功的一代君王,其骑射功夫十分了得。《贞观政要》《资治通鉴》《酉阳杂俎》等古籍均有记载,称其"少好弓矢","畅戏张弓挂矢,好用四羽大箭",能"箭穿七札,弓贯六钧"(1钧为30斤)。作战中"以大羽箭射殪其骁将,贼骑乃退"。登基后,为保持开国锐气,要求群臣和军队坚持习射练武的传统,甚至亲自在射殿担任教练。《旧唐书·太

一箭双雕长孙晟

乾隆一箭双鹿图

宗本纪》有录:"每日引数百人于殿前教射……亲自临试,射中者遂赏弓刀布帛。"到武则天执政时期,射箭更成为朝廷选拔将才的主要科目。《通典》卷18记载,长安二年(公元702年)创设"武举"制度,与"科举"并行,成为人们入仕的重要途径。武举考试设九项考试科目,其中射箭类有五项,包括马射、步射、平射、筒射、长垛等。清代《乾隆一箭双鹿图》展示了乾隆皇帝骑马射鹿,而且一箭击中双鹿的场景。

英国长弓煊赫一时

在世界许多国家和地区，弓箭也曾长期是军队主要的远射武器。古埃及、古印度、亚述、克里特的射手们，都在历史上留下了自己的辉煌战例。而在古希腊、马其顿和古罗马的军队中，虽然也使用弓箭，但只是辅助性武器。欧洲人崇尚的英雄都是持矛握剑冲杀的勇士，而不是善射的弓箭手。中世纪之前，西方国家对弓箭的重视程度远不如东方国家。直到13世纪，英国人创制了一种著名的弓——长弓，大量配备快速发展起来的步兵，在远射兵器发展历程上才有了其煊赫的印迹。

坚硬而柔韧的紫杉木是制作英国长弓的最佳材料。这种木材主要产自温暖湿润的地中海沿岸地区，如意大利、西班牙卡斯蒂利亚、希腊克里特岛等地。紫杉木制成的长弓方为上品。榆木、白蜡木、橡木等坚硬的材质也可作为替代品。弓长一般1.5米左右，个别的长达1.8～2米（与弓箭手大致齐眉为宜）。箭长约90厘米，箭头为铁质。箭杆平直，用杨、柳、白桦等轻材质制作的称飞箭，射程较远；用白蜡木、角木等重材质制作的叫重箭，射程较近，穿透力强。鹅毛制成的箭羽黏缚在箭尾18～23厘米处。普通长弓拉满大致需要45～55千克的力，最强的达到80千克。在技能熟练的士兵手中，长弓最大射程可达360米，有效射程接近230米，每分钟可发射10～12支箭。

优秀的长弓手需要强壮的体魄和长久的训练，英

★ 百步外的功夫——远射兵器

英国长弓手

国传奇式的绿林好汉罗宾汉就善使长弓。那个时期的骑士们身着铁甲，普通弓无能为力。面对前来讨伐的官府骑兵，罗宾汉手持长弓迎战，在200米外击毙骑士头目，尽管他身着厚实锁子甲。公元1272年成为英王的爱德华一世（1239—1307）是一位文治武功都很出色的杰出国王。为使英国具有强大的军力，培育民间的尚武精神和技能训练，他颁布法令，将弓术列入义务教育，以射箭作为"国技"，规定所有12～65岁肢体健全的英国男人，必须在每个星期日做完弥撒后集中到教堂附近的校场练习弓术，逃避训练要课以罚款。自耕农家家备有弓箭并参加训练，形成了充足的后备兵员。爱德华一世执政35年间，完备了英格兰的军事制度和各个兵种，初建长弓兵部队并投入实战，同时创造了先用弓兵扰乱敌方战阵，骑兵跟上冲击的战术。几十年后，嫡孙爱德华三世继承并发展其缔造的军队和战术，从自耕农中招募大批优秀士兵，建立起一支战斗力很强的新型兵种——长弓兵，在与法国争霸欧洲的百年战争中取得了一连串胜利。

公元 1337 年 11 月，爱德华三世率大军进攻法国。战争初期，英军接连获胜，1346 年 7 月在诺曼底登陆，直趋巴黎城郊。8 月 26 日，英军与法军在克雷西进行会战。这是一个遍布密林的山丘地区。英军兵力约 2 万人，其中长弓兵 1 万余人。法军 3 万余人（号称 6 万），以重装骑兵为主。法军数量虽多，但重装骑兵不便于在密林峡谷中作战，而英军的步兵、弓箭手灵活机动，并占据有利地形。爱德华三世亲自到各阵地巡视，赐酒给士兵，激励士气。法军自恃强大，墨守陈旧战术，依靠骑士横冲直撞。配置在前的英军长弓兵密集射击，形成一道道"箭幕"。当自方的士兵冲锋向前时，后方的长弓手仍然可以放出高抛物线的箭继续攻击敌人。战马的弱点正是来自上方的袭击，没有护甲的战马一旦受伤，就会变得难以控制。法军伤亡惨重。法军重装骑兵发起多次冲击，均被英军长弓兵击退。在法军陷于混乱之际，英军骑兵发起冲锋。克雷西山野杀声冲霄，法军大败。法王腓力二世和他的坐骑在混战中身受重伤，其盟友波希米亚国王和 10 余名公爵及 1500 余名骑士被杀，士兵死伤近万人，而英军伤亡轻微，战后乘胜围困并占领加来。英军把长弓的远射杀伤力与骑兵的快速冲击力巧妙地结合在一起，同仍是传统骑士军队的法军相比，在武器和战术方面都占优势。

在此后 1356 年 9 月的普瓦捷会战中，法王约翰二世依然夜郎自大，迷信骑兵万能，轻视以步兵、长弓兵为主力的英军，命令骑士敢死队强行突入埋伏有长弓兵的英军阵地。骑士在丘陵荆棘中行动不便，全

英法百年战争中英军大显身手的是长弓兵

部下马步行。英军长弓兵万箭齐发，法军顿时秩序大乱，旗倒兵散。此战，7000人的英军大胜20000人的法军，并生俘法王约翰二世，法国被迫割地讲和。英国允许法国以300万金币赎回约翰二世，但战败的法国无力交纳赎金，约翰二世死于英国狱中。

克雷西和普瓦捷的大胜，使英国变成了一个军事强国。一时间，英格兰长弓威震欧洲。它不仅是军事上的胜利，还动摇了西欧大陆的传统封建制度，在火药出现以前，英国长弓横扫天下，使纵横西欧几百年的封建骑士黯然失色。此后，法军和其他欧洲国家军队也高度重视弓箭的作用。"两军相遇，弓弩为先"，此乃远射兵器在古代战争中重要作用的真实写照。

中国弩战场称雄

弩,亦称弩弓,是弓的发展,实际上是一种装有控制装置、可延时发射的弓。它将弓装在弩臂上,并用弩机控制弦的回弹。射手从容地把张弦装箭与纵弦发射分解为两个动作,不必在张弦的同时瞄准,这样就可以延时发射,比弓有更高的命中率。弓的发射全靠臂力,而弩的发射还可脚踏或腰引,甚至借助绞车类机械之力,有更远的射程,还可发射攻坚破城的重型弩箭。弩的关键部件是弩机,能完成勾弦、瞄准、扣射等功能。

《吴越春秋》称:"弩生于弓。"弩和弓的发射原理相同,都是利用张弓储存能量。弩作为狩猎工具,可追溯到新石器时代的原始木弩,机件大都用骨、木、竹制成,杀伤力较小。在仰韶、龙山文化遗址,

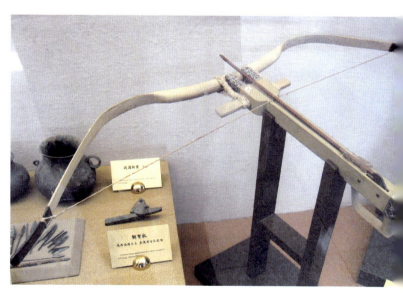

战国弩模型

屡次发现一种长6～9厘米、一端钻孔的长条形骨片。这些骨片与哈尼、苦聪、景颇等少数民族至今仍在使用的木弩上的骨悬刀（扳机）极为相似，被推测为原始木弩上的构件，经炭14测定，约在4500年之前。

弩作为制式武器用于战争，始于春秋时期。相传楚琴氏发明用于实战的弩，楚国军队率先装备。《孙子兵法·作战篇》把"矢弩"和"甲胄"并列为军中主要装备。《孙子兵法·势篇》中以弩的发射比喻战势，"势如彍弩，节如发机"，可见弩在当时已经广泛用于战争。史料和文物都表明，中国是世界上最早用弩装备军队并使之在战场上发挥重要作用的国家。

东周时期，开始使用铜制弩机，使弩成为一种强有力的兵器。山东曲阜、湖南长沙，以及江苏、河北、河南等地均有战国铜弩机出土，弩已经成为一种常见的兵器，在作战中大量使用。最早大规模使用弩，且有详细文字记载的军事行动，是春秋晚期的马陵之战。公元前434年，齐军按军师孙膑的计策，伏兵设于马陵道的山谷里，并利用减灶法引诱庞涓率魏军轻敌冒进。当魏军追入埋伏圈后，齐军万弩齐发，魏军死伤大半。原与孙膑同学、妒贤嫉能的庞涓兵败自刎。齐军乘胜大败魏军，虏魏太子申而归。马陵之战使精通兵法、善于用弩的孙膑"名显天下"，也使弩这种新型远射兵器威扬四方。

早期多为臂张弩，靠臂力张弓，射程约80米。《孙膑兵法》中称这种弩"发于肩膺之间，杀人百步之外"。战国晚期出现强度大、射程远的蹶张弩。发射时把弩竖立在地上，双足踏住弓臂，双手向上提拉弓弦，手足合力，射程相当于臂张弩的 2～3 倍，可达 160～240 米。蹶张弩主要装备步兵，韩国称之为"劲督"。当时，韩国的强弩最为出名。苏秦在游说韩宣王时，称赞韩国十二石蹶张弩可射 600 步（1 步约合 1.39 米），该国选武卒的一项考核要求就是能够挽十二石弩。古时以"石"表示弩的强度和张弓引弦所需的力，引满一石之弩，需相当于提起约 30 千克重物之力。汉弩有一石至十石诸种。据汉简所记射程推算，三石弩射程约为 189 米，四石弩约为 252 米，十石弩的射程可达 600 米以上。

汉以后，弩在军队中被广泛使用。骑兵多用弓，步兵多用弩。据居延汉简记载，当时防守西陲的边防部队，以弩作为步兵城守战的主要兵器，占十分之六。在各个城障、亭堡、烽火台中，都配备有弩。

军事博物馆陈列的汉蹶张弩

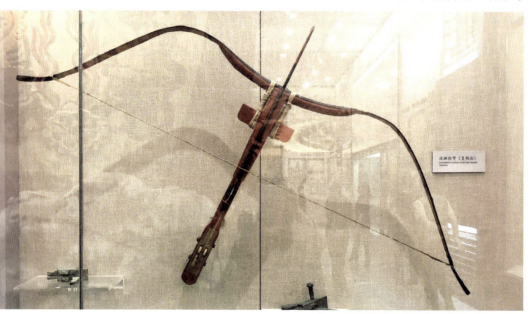

李广射石

汉代弩在结构上也更加完善,主要表现在弩机上。一是弩机外面增设一个铜铸的机匣,称为"郭",把铜质郭嵌进木弩臂上凿出的槽中,这样就使弩机能够承受更大的张力,弩箭的射程更远、杀伤力更强。二是改进了瞄准装置,在弩机的望山上增设了刻度,射手可依目标距离的远近,从望山选择合适的刻度,调整发射角——射手的视线经由望山上的刻度再通过箭端对准目标,明显地提高了命中率。河北满城西汉中山靖王刘胜墓中，即出土了带有望山的铜弩机。郭长9.5厘米，在35毫米长的望山上，有五个刻度，分别用错金错银标出一度和半度，度距从下往上递减。这种装置符合抛物线原理，与现代步枪上的表尺是同一类型的瞄准装置，使弩的射击精度大幅度提高。

西汉军队不仅大量装备弩，还遴选体力强壮者，编成以弩手为主的步兵部队——材官，其指挥员官号称"强弩将军"。汉军中涌现了众多擅长使用强弩的将士，其中最著名的就是"飞将军"李广。史载李广"猿臂善射"，每次开弓"不中不发，发即应弦而倒"。汉文帝十四年（公元166年），李广率部抗击匈奴。在一次战斗中，所部四千人被十倍于己的左贤王部层层包围。李广策马前出，引"大黄"点射敌阵，左贤王身边的三四位副将纷纷落马。正如《汉书·李广传》中所载："广身自以大黄射其裨将，杀数人。"左贤王大惊失色，一边后撤，一边命士卒以弓弩反击。但匈奴军的弓弩劲弱力屈，箭矢纷纷坠落。李广趁匈奴军阵势紊乱之机，率部突出重围。匈奴将士见汉军弓弩强劲，无不畏惧，不敢追击。大黄是一种强弩的名称，又称"黄肩弩"，善使大黄弩的李广在众寡悬殊的情况下，远距离射杀敌首，扭转了战局。在多次征伐匈奴的战斗中，汉军性能优良的弩发挥了巨大威力。

宋代很注重发展弩，宋神宗熙宁元年（公元1068年），李宏发明一种称为"神臂弓"的弩，侵彻力强且轻便，射程可达240余步，在宋军中长期使用。步兵多装备蹶张弩，军中分为"张弩人""进弩人"和"发弩人"，分工协作，有效缩短射箭间隙，加大弩箭密集程度,《武经总要》绘制的轮流发弩图,即展示了当时弩兵作战的场景。

为加快弩的发射速度,古人还发明了可连续发射多支箭的连弩。据《墨子·备高临》《六韬·虎韬·军用篇》记载,战国后期即出现用于守城的连弩。1986年,湖北江陵楚墓出土了一件战国小连弩。全长27.8厘米,宽5.4厘米,高17.2厘米,由铜弩机、木弩臂、木弓、木箭匣、活动木柄五部分组成。箭匣内分两排并列一次可装20支小弩箭前端并列两个箭孔。弩箭长14.3厘米,为三棱铜镞,可同时射出两支弩箭。《汉书·李陵传》记载,汉武帝天汉二年(公元前99年),汉将李陵率军在浚稽山(今蒙古杭爱山脉东南段)与匈奴作战,汉军"发连弩射单于,使单于下走"。

三国时期,蜀国丞相诸葛亮非常重视兵器的改

诸葛亮创制的连弩——元戎模型

进，创制了新式连弩，称元戎，带箭匣，内装 10 支箭，可连续发射。《三国志·蜀书·诸葛亮传》记载，这种弩"以铁为矢，矢长八寸，一弩十矢具发"。《武备志》《天工开物》上均有其附图，原理与战国弩基本相同，但形体较大，箭匣内一次仅能装一排弩箭，10 支箭可连续发射，射程略远一些。在与魏军的作战中，蜀军以弩兵在山谷中设伏。魏军进入伏区后，蜀军弩兵用元戎进行密集发射，猛烈的"火力"使魏军损失惨重。

唐代以后，出现了威力更为强大的床子弩，简称"床弩"。这是一种将一张或多张弓安放于车或床架

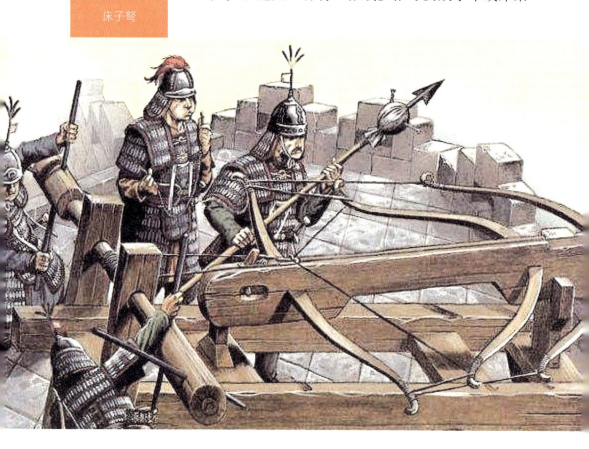

床子弩

上，利用绞动轮轴射箭的大型弩。床弩的发明可追溯到战国。《墨子·备高临》《六韬·虎韬·军用篇》中记载的"连弩之车"和"绞车连弩"，即是早期的床弩，一般只装单弓，要用十人推动绞车才能上满弦。在南京秦淮河曾出土南朝的大型铜弩机，长39厘米、宽9.2厘米、高30厘米，复原后弩臂之长当在2米以上，属于床弩。在唐代文献中，车弩仍称为"车弩"或"绞车弩"。《通鉴·唐记》称，秦王李世民围洛阳宫城时，守军用八弓弩发箭，"箭如车辐，镞如巨斧，射五百步"。

到宋代，床弩得到较大发展，成为军中重要攻守利器。《宋史·魏丕传》记载，宋开宝八年（公元975年），宋太祖赵匡胤为准备征伐江南，每十天亲自检阅一次新造的兵器，称赞虎翼弩、床子弩"制作精绝"。到郊外观看床弩试射，旧床弩"矢及七百步"，由魏丕改进的"千步弩""试之，矢及三里"。宋太祖大喜，遂令魏丕停止生产旧床弩，增造"千步弩"。宋代的1000步约合1536米。这是古代远射兵器射程所能达到的最高纪录。

北宋庆历四年（公元1044年）刊印的《武经总要》卷十三记载了军中装备的六种床弩，装弓2～4张，用绞车张弦时，中小型床弩需4～30人，如小合蝉弩，7人张发，射程140步；大型床弩需70乃至百余人，如"八牛弩"，要用100人以上，瞄准和火锤击牙发射都有专人，射出的箭以木为杆，以铁片为翎，号称"一枪三剑箭"。攻城时，以床弩射出"踏橛箭"，上下成行地钉进敌方夯土城墙上，士兵可攀援以登，一举破城。

景德元年（公元1044年），萧太后率契丹大军南进犯宋，以南京统军萧挞凛为先锋。宋真宗亲赴澶州（今河南濮阳）督战。双方激战两月有余。11月22日，在萧挞凛察看澶州地形时，被宋军发现，以床弩远距离将其射杀。契丹军屡战受挫，又失大将萧挞凛，在处境不利的情况下被迫与宋军和谈，达成"澶渊之盟"，结束了宋辽25年的战争。

宋代三弓床弩模型

抛石机——古代"战神"

火炮被誉为"战争之神",而在火药发明之前,威力最大、可称为"战神"的,非抛石机莫属。中国古代称之为"礟",简写为"砲"。以"石"为字旁,顾名思义,这是主要用以抛射石弹的大型战具。西方称之为抛石机、机械砲,在中世纪广泛使用,中国古代也称之为飞石、抛石等,是古代攻城作战中的"第一利器"。

从历史文献来看,春秋时期的中国军队就装备了抛射石弹的砲。《汉书·甘延寿传》曾引证春秋时期《范蠡兵法》(已佚):"飞石,重十二斤,为机发,行二百步。"汉代以后,砲在战争中大量使用。东汉建安五年(公元 200 年),曹操率军与袁绍作战,曾制造出一种可移动的车砲,用于轰击袁绍军,威力巨大,称为"霹雳砲"。西晋潘安仁在《闲居赋》中描述砲石发射情景:"礟石雷骇,激石蝱飞。"唐代李善注:"礟石,今之抛石也。"唐朝大将李光弼制造了一种巨型砲,需用 200 人挽索发射,射出的石弹能杀伤数十人。

宋代战争频繁,砲在军中应用更加广泛。宋钦宗靖康元年(公元 1126 年),金兵围攻宋都汴梁(今河南开封)时,"一夜安砲五千余座",打得守城部队几无安身之处。108 年后,蒙古军又攻汴梁,架砲数百具,昼夜发射,落下的石弹,几乎填平里城。所用最大的十三梢砲,可发射百余斤的石弹,需要数百人同时拽放。

古代兵器 从石兵器到黑火药兵器　　100

抛石机和砲弹

唐朝李筌所著《神机破敌太白阴经·攻城具》、北宋兵书《武经总要》，对砲的构造、种类做了描述并给出了图示。砲主要是利用杠杆原理，以人力拉拽抛射石弹。砲体以大木为架，接合部采用铁件。砲架上方横置可转动的砲轴，固定在轴上的长杆称为"梢"，有单梢、两梢、三梢、五梢，最多达十三梢。梢数越多，抛射的石弹越重、越远。梢长2.5～2.8丈，选用既坚固又富有弹性的优质木料制成。梢的一端系皮窝，容纳石弹；另一端系索，索长数丈。小型砲有索数条，大型砲有索上百条，每条索由1～2人拉拽。发砲时，由一人瞄准定放，拽索人同时猛拽砲索，砲梢后端下坠，前端甩起，皮窝中的石弹靠惯性抛出。

根据实际作战需要，砲有不同的种类。《武经总要》记载了宋代16种不同的砲，其中有架砲、虎蹲砲、旋风砲、柱腹砲、车砲、旋风车砲、合砲、手砲等。据《宋史·兵志》，朝廷对砲的制造规格、质量有严格要求，制成的砲要经过正式试射检验，合格者才可装备军队，如单梢砲，上等的射程需在270步以上（宋代每步6尺，约合1.4米），中等的为260步，下等不少于250步。

自春秋至宋代，中国的"砲"一直靠人力拽索。直到南宋时期的襄樊之战，才领略了采用配重技术的改进型抛石机——西域砲。

公元1267—1273年，元军与南宋军队进行了长达六年的襄樊之战。在这次著名的战争中，元军使用西域砲先后攻克樊城和襄阳。《元史·阿老瓦丁传》

宋代抛石机

这样描述元军攻打襄阳城的战况：置砲于城东南隅，砲弹重一百五十斤，机发，声震天地，所击无不摧陷，入地七尺。宋安抚吕文焕惧，以城降。

西域砲的主要制作者阿老瓦丁和亦思马因，在《元史》中都有他们的列传。该砲因二人来自西域（今玉门关以西）而得名，又因是在攻打襄阳、樊城时首次使用，亦称"襄阳砲"。它的威力超过了宋军使用的人力拽索抛石机，可将重达150斤的石弹抛射远至 400 米左右。

这种砲是蒙古人远征波斯的收获。至元八年（公元 1271 年），元世祖忽必烈遣使到波斯，向伊儿汗国宗王阿八哈征调砲匠阿老瓦丁和亦思马因。翌年冬在大都（今北京地区）制成西域砲，在午门前试射成功，随即派遣砲匠至樊城与襄阳，造炮攻城。元军凭仗威力巨大的西域砲，攻破南宋军苦守 6 年的襄、樊二城。《元史·亦思马因传》记载：至元十年正月，"砲攻樊城，破之"。"既破樊，移其攻具以向襄阳。一砲中其谯楼，声如雷霆，震城中。城中汹汹，诸将多逾城降者"。

至元十一年（公元 1274 年），元军渡江，宋军陈于江南岸，拥舟师迎战。元军在北岸部署大量西域砲，密集的巨大石弹将宋舟全部击沉。接着，元军不断扩大战果，占领湖南、广西等地。在江南各战场，元军西域砲攻城

襄阳砲模型

略地，所向披靡，使宋军无坚可守，为元蒙军队进占中原、江南并统一中国立下了汗马功劳。

勇武与速度的结合——骑兵及其战具

绵亘千里的茂盛草原,养育了古老民族的壮硕战马、骠骑勇士。那铁骑卷起的无尽黄沙,遮掩了天际间血红的夕阳。在欧亚大陆上狂涛般震响的马蹄声浪,令所有国家胆寒心惊。"胡服骑射",赵武灵王的远见卓识,为其建树了一代功业;"决战漠北",汉武帝的雄才大略,还泱泱大国一个万邦景仰的天朝形象。只有兵贵神速,才能掌握主动、稳操胜券,这是历代军事家不变的追求。而骑手与训练有素的战马默契结合,正是许多著名将帅运用大兵团突击以夺取胜利的先决条件。直到今天,骏马与骑士虽然早已不是战场主力,但骑兵这个古老的兵种,仍在履行着其特有的使命。

"胡服骑射"与骑兵的兴起

马是人类最早驯服的牲畜之一。在以车战为主要作战方式的早期战争中，马匹多以牵挽战车为主。此时，军中虽然也有骑兵，但他们大多只承担侦察、通信、传令等辅助性任务。骑兵取代战车成为古代战场主角，经历了数百年的历史过程。其间，也发生过具有特别重要意义的事件，赵武灵王（名赵雍，赵国第四个国君）"胡服骑射"的故事就是其中之一。

胡服骑射

赵武灵王十九年（公元前307年）春，在赵国都城邯郸的一天早晨，赵国的文武大臣们都早早地来到宫中，等待赵武灵王的召见。辰时（7点至9点），文武大臣奉诏进殿。当他们抬头看到端坐在龙床上的赵武灵王时，一个个惊呆了。谁能料到，赵武灵王竟将传统王袍换成了"胡服"——上衣下裤，戴皮帽，着皮靴。

赵武灵王大声宣布："自今日起，所有的将军、戍边兵卒，全都要像我这样，改穿便于骑乘的胡服！"

一位老臣上前拜道："我赵国乃中原大国，典章文物，规矩方圆，吾主若开此先河，必将见笑于诸侯呀！"

赵武灵王略一思索，答道："爱卿言之有理。但赵国面子重要，还是安危重要？"原来，地处胡人和华夏民族交汇处的赵国，疆域只限于如今的河北中南部和山西北部，军队与其他列国一样仍由车兵、步兵构成。不仅无力与齐、秦对抗，近邻小国中山国也敢来欺负，还时常遭受北、西方的游牧民族"三胡"（楼烦、林胡、东胡）的侵扰。在与"三胡"的多次接触中，赵武灵王目睹胡人穿短衣长裤便于骑射的长处，其骑兵"来如飞鸟，去如绝弦"，赵军战车在与胡人骑兵交战时总是处于被动局面，多次作战失利。为富国强兵，赵武灵王终于痛下决心，取胡人之长补中原之短，穿他们的衣服，练骑马射箭，实行由车战向骑战的转变。

经过辩论和说服，赵国文武大臣们明白了武灵王的忧虑，"反对派"也不得不表示赞同。锐意革新的赵武灵王以强有力的行政命令推广服饰改革，"胡服"成为华夏军队最早适于作战的正规军服。"胡服"只

乾隆戎装骑马图

是一种手段,"骑射"才是目的。赵武灵王率军夺取原阳（今内蒙古呼和浩特西南），辟为"骑邑"，把北方边郡的步兵、车兵改编为骑兵加以训练。他还率先垂范骑马弯弓并露宿草原，聘请擅长骑射的胡人充当教练，推广养马、制革、设兽医、造马具、筹办草料等完整配套的制度，很快培训出万余名装备精良、射术高超的骑兵，建立起华夏民族最早的一支骑兵部队。

从推行"胡服骑射"的第二年起，赵国的军事实力就逐渐强大起来。赵武灵王亲率以骑兵为主力的大军，灭中山，破"三胡"，"辟地千里"，设置云中、雁门、代郡行政区，"攘地北至燕、代，西达云中（今河套地区）、九原（今内蒙古包头市）"，成为当时与秦、齐并立的强国。

在赵国的影响下，中原各国陆续组建骑兵，推动了战争方式的变化。此后，以车战为主的作战方式逐渐退出历史舞台，中国军事史进入了骑兵起决定作用的新时代。赵武灵王实行军事变革的成果，被秦国全面运用，到汉代发挥到极致，汉武帝由此创造出世界军事史上农耕民族以骑兵击败游牧民族的奇迹。直至清初，满族人仍然靠骑射打天下，以马上功夫为看家本领。

"胡服骑射"堪称中国古代军事史上的一次大变革,它不仅使华夏民族建立起能够同北方游牧民族相抗衡的骑兵,在社会上也培养起彪悍骁勇的尚武风气。后人称颂大汉雄风,吟诵"但使龙城飞将在,不教胡马度阴山"时,不能忘记赵武灵王这位军事变革者的奠基之功。近代著名学者梁启超对战国时期的改革者给予高度评价,在1903年发表的论著中,将商鞅比喻为秦国的俾斯麦,将赵武灵王比喻为赵国的彼得大帝,盛赞赵武灵王为"黄帝之后第一伟人",因为他与秦始皇、汉武帝、唐太宗、宋武帝、明成祖一样,是少数可以取得对北方游牧民族战争胜利的人之一。

赵武灵王胡服骑射

马鞍和马镫作用大

赵国实行"胡服骑射",极大地促进了骑兵的发展。但从总体上看,战国时期骑兵还处于辅助地位,各诸侯国军队的主力依然是车兵和步兵。《史记》记载,燕国有几十万军队,只有骑6000匹。楚汉之争时,刘邦的军队开始仍以战车和步兵为主,而项羽军队的骑兵则比较强大。荥阳之战,"楚骑来众",刘邦军险遭覆灭。此后,刘邦积极筹建精锐的骑兵部队——郎中骑兵,由灌婴为将。这支骑兵部队在击败项羽和歼灭割据的诸侯王的战争中屡建奇功。在决定汉胜楚败的垓下之战中,追击并消灭了楚军余部,逼得项羽自刎于乌江的,正是灌婴统领的骑兵部队。到西汉初年,汉文帝十四年用于抗击匈奴的汉军为"车千乘,骑十万",车兵仍占有相当大比重。

影响骑兵发展的一个重要原因,是马具还很不完善。马成为人类的驯服工具,关键是被套上了勒缰(又称马辔)。马辔是骑手驾驭马匹的主要工具,由缰绳、笼头和口衔(俗称马嚼子)构成,骑手靠马辔发出指令,控制坐骑的运动行止。好的马辔多用优质牛革制作,问世的时间大致与马鞭、战车相同。早期骑兵,不论是在中国还是欧洲,都是骑在马的光脊背上。

世界上最早的正规骑兵,当属公元前9世纪出现的亚述骑兵。骑兵们个个都是马术高手,缰绳很短很硬,不仅用来控制马,还要当成把手。马嚼子很长很宽,即使骑手用力拉缰绳,也不会将之拖出来。轻骑兵装备弓

亚述帝国骑射手

箭和标枪，重骑兵装备长矛和剑，负责近战接敌。

后来，在马背上配置了一种类似褥垫或坐垫的东西。河南安阳殷墟有一座埋有人和马的墓，马头部佩有上附玉、石、蚌饰的络头（勒），以及一件U形的玉质马衔，与缰绳、笼头相连，用以控御乘马。战国时期，随着骑兵的组建，马具有了新的发展和改进。在陕西咸阳塔尔坡秦墓出土的灰陶骑兵俑，辔头由额带、鼻带、颊带构成，但马背无鞍无坐垫。走近陕西临潼秦始皇陵兵马俑二号坑，仔细查看那些与真人真马一样大小的陶骑兵俑，可见全套的马具：头部有辔、勒、铜马衔，腹部有鞘带套结马臀，背部铺鞯，上有鞍垫。咸阳杨家湾西汉早期墓出土的骑兵俑，马具增加了马胸前的鞅带，可使鞍垫更加牢固。据称，最早使用马鞍的是亚述人，最初只是在马背上铺上一块软垫，后来逐渐发展成为木制高桥马鞍。

中国在西汉时期开始使用马鞍。咸阳杨家湾西汉早期墓陪葬坑出土的2500余件彩绘陶兵马俑，战马背上的马鞍几乎没有鞍桥。但此时骑兵在总兵力中的比重有显著增加，而且成为具有独立战斗力的兵种。恢宏的汉兵马俑，形象地展现了汉初的军阵，是西汉文景时期国力增强的生动写照。河北定州出土的一件西汉后期马鞍，上有错金银铜牌纹饰，鞍桥接近高桥鞍。马鞍让骑手稳定、舒适地乘坐在马背上。由于马鞍的配备增加了马背的高度和上马的困难，于是马镫便应运而生。

马镫最早是由中国人发明的。目前最早的马镫文物证据，是甘肃武威南滩赵家磨1号墓出土的文物，其中"有铁马镫及铁饰件各一件，均残甚"（武威地区博物馆收藏）。北京大学的宿白教授就此问题做了进一步调查，认为出土遗物年代为东汉晚期。2004年，在西安南郊的一座西汉墓中，发现了画有骑马人

北燕马镫——国际公认最早的马镫实物

脚踏马镫的珍贵壁画。此前，根据考古成果普遍认为西晋时期才有马镫。湖南长沙的一座西晋墓曾出土一件陶骑俑，入葬时间为永宁二年（公元302年），在马鞍前鞍桥左侧悬垂有一个小三角形马镫，看来是用于踏蹬上马。在河南安阳孝民屯的晋墓中，有一套铜质鎏金的马具，不仅有高鞍桥马鞍，还有一件木芯外包鎏金铜片的马镫。成双使用的马镫，目前最早的实物见证是出土于南京象山七号墓的陶马俑，墓主死于东晋永昌元年（公元322年）。北方同期五胡十六国时期北燕冯素弗墓，也出土了一双木芯外包鎏金铜片的马镫。

马镫的横空出世，是一个颇具革命性的历史事件。没有马镫的年代，当马飞奔或腾跃时，骑士们只能用双腿夹紧马身，同时用手紧抓马鬃才能避免摔下马来，只有经过严格训练的骑士才能扬鞭跃马，是从

唐代马鞍和马镫

唐代骑兵

头顶来挥刺长矛的。有了马镫,任何一个会骑马的人都可以披挂上阵,驰骋疆场。马镫虽然很小,作用却很大,它可以使骑士和战马很好地结合在一起,把人和马的力量合在一起,士兵骑在马上有了一个稳定的依托,双手得以解放,可以直立格杀,可以在飞驰的战马上且骑且射,也可以在马背上左右大幅度摆动,完成左劈右砍的战术动作,手中武器的效能得到充分发挥。到唐代,骑兵的装备、编制、训练都趋于完善,成为战场上具有决定性的快速突击力量。《契丹人牵马图》展现了辽代精美的马鞍和马镫。

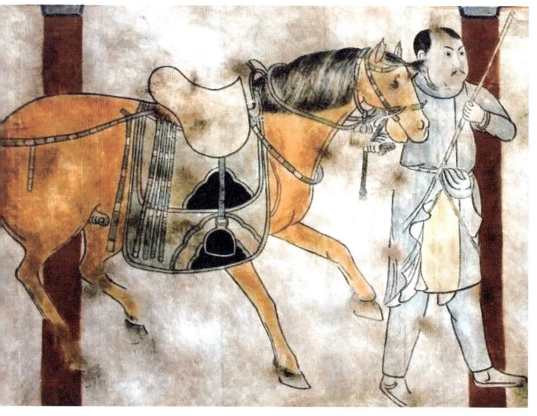

契丹人牵马图

马镫被西方马文化研究界称为"中国靴子",誉为人类历史上一项具有划时代意义的发明。英国著名中国科技史专家李约瑟说:"关于马镫曾有过很多热烈的讨论……最近的分析研究表明,占优势的是中国。直到8世纪初期在西方(或拜占庭)才出现马镫,但是它们在那里的社会影响是非常特殊的。"英国科技史学家怀特指出:"很少有发明像马镫那样简单,而又很少有发明具有如此重大的历史意义。马镫把畜力应用在短兵相接之中,让骑兵与马结为一体"。"我们可以这样说,就像中国的火药在封建主义的最后阶段帮助摧毁了欧洲封建制度一样，中国的马镫在最初却帮助了欧洲封建制度的建立。"

确实，中国马镫发明后，很快传播到亚洲的朝鲜、日本，大约在公元3世纪传入欧洲，极大地刺激了欧洲骑兵的发展。公元378年，在多瑙河以南的色雷斯地区，发生了一次具有重大意义的亚德里亚堡战役。一方是古罗马帝国的重装步兵，另一方是哥特人的轻装骑兵。配有马鞍、马镫的哥特骑兵具有高度的机动性和勇敢精神，他们挥舞长矛和利剑，以雷霆万钧之势发动袭击，冲垮了罗马军左翼。密集的罗马步兵方阵，在哥特骑兵的冲击下大乱。士兵们的长矛互

阿瓦尔骑兵

相碰撞，七倒八歪，无法迎战，很快被击溃。到夜幕降临时，罗马6万精兵死伤4万多，东罗马皇帝瓦伦斯本人也战死沙场。此战不仅是被压迫者反抗罗马暴政的胜利，而且是骑兵对步兵的胜利。哥特人手中的矛、剑并非新式武器，但它们跟战马的高度机动性充分结合，大大提高了战斗力。此后，曾称雄欧洲几个世纪的古罗马军团主力——重装步兵退出战争舞台，奴隶制的罗马帝国走向衰亡，欧洲开始进入封建制度时代。

称雄东欧地区的阿瓦尔骑兵，是活跃于中国北方草原的柔然人后裔。公元424年，北魏太武帝将他们驱逐出中原，柔然骑兵仓皇北走，同时把中国的马镫技术带到欧洲，成为东欧地区最强的军事力量，控制了多瑙河到蒂萨河之间的领地，还经常四处劫掠，打破了欧洲的旧秩序。公元3世纪到5世纪，是欧洲军事组织体制和军事理论的大转变时期，灵活机动的骑兵成为西方各国军队的主要兵种，在欧洲战场称雄近千年。

重甲骑兵的兴衰

西晋末年，匈奴、鲜卑、羯、氐、羌等游牧民族骑兵频繁侵扰中原地区，后代史学家称"五胡乱华"。司马王室南渡建立东晋（公元317—420年），黄河流域被汹涌而至的游牧民族占领。北方战火连年，建立了前凉、西凉、北凉、前赵、后赵、前秦、后秦、西秦、前燕、后燕、南燕等与东晋并存的"十六国"。在一次次的军事对抗中，汉人军队大都不敌胡人军队，一个重要原因就是游牧民族强大的骑兵，特别是其凶悍的重甲骑兵。南北朝时期（公元420—589年），重甲骑兵在北朝（北魏、东魏、西魏、北齐、北周）和南朝（宋、齐、梁、陈）都得到发展。

中国的重甲骑兵最早在游牧民族建立的王朝出现，是因为他们有着得天独厚的条件：来自北方大草原，有大批品种优良的马匹；普遍精于骑术，加上马镫的普及，使得骑手在战马上有了长久作战并负重冲锋的可能。公元4世纪，称雄中原的十六国军制和兵种发生了重大变化，最具标志性的便是出现了人和马都配备铠甲的重甲骑兵——甲骑具装。"甲，人铠也；具装，马铠也。"重甲骑兵相对于轻骑兵和步兵有两个优势：一是防护好；二是自身重量远远大于轻骑兵和步兵。根据物理学的动量定理，一旦冲锋，重甲骑兵的突防能力大大优于轻骑和步兵。在北方平原旷野，重甲骑兵方阵发起集体冲锋，犹如排山倒海，势不可挡。面对轻骑兵，步兵还可用弓弩对其造成大规模杀伤；面对重甲骑兵，步兵几乎是被任意宰割。从

魏晋南北朝重甲骑兵

东晋十六国到南北朝，重甲骑兵受到格外重视并在实战中显示了威力，一度成为军队的主力兵种，标志着古代骑兵发展的一个新阶段。

这一时期出现在史籍中的"甲骑具装"动辄成千上万。公元400年，后秦文桓帝姚兴统领5万大军攻打割据陇西的西秦，双方均以"甲骑具装"为主力。指挥有方的后秦大胜，"降其部众三万六千，收铠马六万匹"，这也是史书上记载甲骑具装数量最多的一次。人们常以"五千年金戈铁马"概括中国古代战争和军事，"铁马"即重甲骑兵，其在古代军事史上的重要地位可见一斑。

当时组建重甲骑兵，称为"马挑神骏，人选健儿"，骑手披铁甲，战马蒙马铠。马铠也称为具装铠，以铁皮或皮革制作，一般由"面帘""当胸""鸡颈""马身甲""搭后""寄生"（竖在尻上）6部分构成，分别保护马的头部、胸部、颈部和臀部，除耳、目、口、鼻、四肢、尾巴外露，全身都有铠甲保护。骑手铠甲，亦称甲胄，包括护体的"甲身"、护肩的"披膊"、护腿的"吊腿"、护头颈的"兜鍪"等。装甲坚固，全身覆盖，视野基本限制在正前方，在战场上的使命就是正面冲锋。重甲骑兵推进时，就如同钢铁城墙迎面压来。重甲骑兵以强大的冲击力和良好的防御力，成为公元4世纪至6世纪最具战斗力、主宰战场的精锐部队。

历史文献中，多次出现北魏王朝在一次战役中出动上万"铁马"的记载。北魏太武帝时期，秦州大族杨难当起兵反魏，围攻上邽城，北魏镇将元意头率领1000名重甲骑兵"直冲难当军，众皆披靡"。公元537年，南北朝时期最具影响的一次战役——东魏、西魏间的沙苑之战（公元534年，北魏分裂为东魏、西魏），重甲骑兵也发挥了重要作用。西魏大将李弼瞅准战机，亲自率领训练有素的重甲铁骑，横向冲入东魏阵中，把东魏大军截为两段，在沙苑（今陕西大荔南）一举击溃东魏军队。此战，西魏军以一敌十，歼灭和收编东魏军8万人，原本弱小的西魏政权得以巩固，为此后北方的统一奠定了基础。

隋朝继承了南北朝的传统，重甲骑兵在军中依然占有较大比重，李渊的军队原属隋朝，其重甲骑兵称玄甲军。《资治通鉴》对于唐初玄甲军有这样的记载："秦王世民选精锐千馀骑，皆皂衣玄甲，分为左右队，

敦煌壁画上的西魏重甲骑兵和步兵战斗图

使秦叔宝、程知节、尉迟敬德、翟长孙分将之。每战，世民亲披玄甲帅之为前锋，乘机进击，所向无不摧破，敌人畏之。行台仆射屈突通、赞皇公窦轨将兵按行营屯，猝与王世充遇，战不利。秦王世民帅玄甲救之，世充大败，获其骑将葛彦璋，俘斩六千馀人，世充遁归。"这段文字虽然很短，但生动再现了玄甲军无坚不摧的战斗力。

重甲骑兵虽然厉害，但成本高昂。首先是对战马、骑手的素质要求很高，再者古代冶金技术不发达，所需铠甲难以大量供给，难以像步兵那样大规模扩军。据考古发掘的实物推测，南北朝重甲骑兵的铁马铠重约40千克，加上披甲骑手和武器重量，战马负重200～300千克。骑手和战马若无超凡的体力、耐力，无法胜任。如此笨重的装甲，导致其机动性和灵活性严重下降。

秦王李世民统领的唐军主力，在继续发挥玄甲军作用的同时，裁减玄甲军数量，大力发展轻骑兵，使轻骑兵和重步兵逐步成为主流兵种。在著名的虎牢之战中，李世民指挥的重骑兵和轻骑兵发挥各自优势，为击败窦建德主力军、攻克洛阳城发挥了重要作用。此战发生于公元620—621年，当时李世民率军进攻盘踞洛阳的王世充（占领河南部分州县，自称郑帝），把军力较弱的王世充部合围在洛阳城中。王世充被迫向华北地区实力最强的窦建德所部求救。正在与唐军争夺天下的窦建德（占领河北大部州县，自称夏王），有唇亡齿寒之感，遂亲率10万大军前来救援。面对腹背受敌的严峻局面，李世民将唐军一分为二，由齐王李元吉领大军继续围困洛阳，他则与大将秦叔宝、程知节、尉迟敬德等率领3500名精锐骑兵，其中玄甲骑兵1000余名，疾奔虎牢关据守，阻挡窦建德的大军。李世民先是麻痹疲惫的敌人，然后亲率轻骑兵绕行奔袭，其余将领带玄甲军随后，乘窦建德的群臣正在朝谒时，突然以骑兵冲锋突击。一时间夏军大乱，随后赶到的玄甲军猛烈冲锋。此战虽仅杀敌3000余人，但惊慌失措的夏军10万人马争相溃逃，窦建德也做了俘虏。

唐太宗李世民戎马大半生，对骑兵、骏马有着特殊的情感，登上皇位后仍念念不忘曾与自己生死与共

洛阳虎牢关之战中的唐军骑兵

的战马,特命画家阎立本和其兄阎立德(工艺家),用石刻浮雕描绘自己骑过的六匹战马。这组青石浮雕被称为"六骏",生动展现了唐太宗李世民在开国重大战役中的所乘战马的英姿。造型优美,雕刻线条流畅,刀工精细、圆润的"六骏"浮雕,被置于李世民昭陵的北面祭坛两侧,每块石刻宽约 2 米,高约 1.7 米,分别名为"卷毛䯄""什伐赤""白蹄乌""特勒骠""青骓""飒露紫"。

"青骓"就是李世民在洛阳虎牢关交战时的坐骑。此次大战中,李世民最先骑上"青骓"马,率领一支精锐骑兵，似离弦之箭，直入窦建德军长达20里的军阵，左驰右掣，击溃了窦建德10万大军，并在牛口渚（今河南汜水县西北处）俘获了窦建德。"青骓"呈疾驰之状，显示出飞奔陷阵的情景。一场大战下来，身中5箭。虎牢关大捷，使唐朝初年的统一战争取得了决定性的胜利。"什伐赤""飒露紫"也是李世民在虎牢关之战时的坐骑。"什伐赤"是一匹来自波斯的骏马，纯赤色。"飒露紫"是"六骏"中唯一旁伴人像的石雕，牵着战马正在拔箭的人叫丘行恭。

据《新唐书·丘行恭传》记载，丘行恭是李世民麾下的一员猛将，骁勇善骑射。在夺取洛阳的邙山战斗中，李世民乘着"飒露紫"，偕同数十骑冲出阵地与敌交锋，随从的诸骑均失散，只有将军丘行恭一人紧随其后。突然，一条长堤横在面前，围追堵截的王世充骑兵又一箭射中战马"飒露紫"。在这危急关头，丘行恭急转马头，向敌兵连射几箭，随即翻身下马，把自己的坐骑让与李世民，自己一手牵着受伤的"飒

昭陵六骏中的"飒露紫"

露紫",一手执刀徒步冲杀,突破敌围而归。回到营地,丘行恭为"飒露紫"拔出胸前的箭之后,"飒露紫"就倒下去了。李世民为了表彰丘行恭拼死护驾的战功,特命将拔箭的情形刻于石屏上。

到了宋代,重甲骑兵在汉族王朝军队中已经无足轻重,但仍盛行于北方游牧民族建立的王朝,女真族金朝的"铁浮屠"尤为著名。浮屠就是塔,"铁浮屠"亦称"铁塔兵"。"铁浮屠"的人马均披戴铠甲,骑手戴着铁帽子。作战时三骑一组,用皮带连起来,每进一步,就用拒马木在后面拦住,只能进不能退。同时在左右两翼以轻骑兵配合,号称"拐子马"。宋金交战以来,凡难攻之城,都使用这一队伍去攻打,屡次得胜。但其笨重的缺陷也如同其他重甲骑兵,再加上三马串联的战术,潜伏着巨大风险——只要被击倒一个就会倒下一队,随之倒下一大片。

宋高宗绍兴十年(公元1140年)6月,女真族建立的金朝撕毁和约,由四太子、都元帅完颜宗弼(金兀术)亲率10万大军南侵,其中"铁浮屠"约6000骑。宋朝毫无准备,东京(今开封)、南京应天府(今河南商丘)、西京河南府(今洛阳)相继失守,金军直逼对南宋安危至关重要的江淮重镇顺昌(今安徽阜阳)。宋将刘锜(东京副留守)率军2万在顺昌与金军展开激战。刘锜采用骄敌、激敌、夜袭、利用炎热天气疲敌等战术,使金军屡屡受挫。决战中,金兀术使出绝招,命"铁浮屠"出击。而刘锜已经准备好了对付"铁浮屠"的生力军——5000名重步兵。他们身披由铁质甲叶连缀而成的铠甲(由1825枚甲叶

★ 勇武与速度的结合 —— 骑兵及其战具

铁浮屠

组成，重约 29 千克），手持 3 米多长的长枪和大刀、大斧。激战中，重步兵用快刀、利斧对准无甲保护的马腿劈砍，"铁浮屠"顿时溃不成军，宋军乘胜全面反击，金军被迫撤回开封。这是宋、金战争史第一次大规模重步兵与重甲骑兵的直接交锋，宋军以伤亡不到 2000 人的代价，斩杀金军数万人，包括"铁浮屠" 3000 骑。此战是中国战争史上以少胜多，以弱胜强，以步制骑的著名战例，被列入"影响中国的一百次战争"。

金兀术不甘心失败，7 月又率 10 余万大军向郾城（今属河南）发动进攻。此地为岳家军指挥中心。岳飞遣岳云统领的"背嵬军"迎战金军的"铁浮屠"。"背嵬军"被誉为中国古代五大精锐部队之一，是岳家军的中流砥柱，由 8000 轻骑兵和数万步兵组成。"背嵬军"重步兵配备重斧大刀，专断马足，大破"铁浮屠"。又以精锐骑兵猛冲敌阵，金兀术 10 万大军兵败如山倒。史载：直杀得金军"人为血人，马为血马"，"杀兀术婿夏金吾、副统军粘罕索孛堇，兀术遁去"，金军最后 3000 骑"铁浮屠"被歼。

在公元 1140 年的宋、金"顺昌之战"和"郾城之战"中，女真帝国最精锐的"铁浮屠"全军覆没并永远退出历史舞台，直接影响了金宋两国命运，改写了中国历史。此后，中国乃至东亚再也没有出现过可以与之相提并论的"重甲骑兵"。

亚洲、欧洲的许多国家，也大都有一段重甲骑兵称雄的时期。公元 451 年，罗马帝国与匈奴帝国在马恩河畔进行了一次大会战，配属罗马帝国的西哥特重骑兵对决战的胜负发挥了至关重要的作用。匈奴人原活动在中国北方，被汉朝击败后西迁，靠灵活机动的骑兵向东欧大规模扩张，在色雷斯连续击败东罗马军队，在欧洲建立起一个与罗马帝国抗衡的庞大帝国，势力范围东起伏尔加河，西至莱茵河，南抵多瑙河。野心勃勃的匈奴王阿提拉要求西罗马帝国割让其1/2的领土，遭拒绝，遂率领4.5万大军分多路向巴黎、奥尔良进逼。西罗马帝国皇帝埃裘斯率4万联军迎战。9月20日，双方在沙隆附近一望无际的卡太隆尼平原展开激战。匈奴帝国轻骑兵风驰电掣般冲向西罗马联军的中央阵线，联军阵脚顿时大乱。匈奴人骑兵又向左旋转，包抄西哥特军队。匈奴骑兵这下遇到了强劲的对手。西哥特军队以大量的重装骑兵为核心，战斗时由铁骑冲击敌阵，步兵随后掩杀。年过六十的西哥特王特奥多里克和王子托里斯蒙亲率铁甲骑兵反击，力挽狂澜，为罗马帝国赢得了这场会战的胜利，由此阻止了匈奴人在欧洲的扩张。

　　由于有身高体壮的人种以及高头大马的马种优势，重甲骑兵在欧洲称雄几个世纪，成为拜占庭帝国军队的骨干。公元10世纪，拜占庭帝国的疆界扩张到顶点，包括巴尔干、小亚细亚、亚美尼亚、叙利亚、意大利及地中海岛屿。其重甲骑兵虽然数量不多，但都经过严格训练，十分强悍，并且有其他兵种的配合。拜占庭重骑兵的防御力是中世纪骑兵中独一无二的。骑手穿着多层铠甲，里面为锁子甲，中间为鳞甲，再外层用薄铁片穿编成板块装甲，小腿、前臂上包着铁制的胫甲、护臂，手和腕部戴有铁手套。小

拜占庭重甲骑兵

型圆盾用皮带缚在左臂上，两只手可空出来挥舞兵器或操纵马缰。用薄铁片制成的马铠，将战马的头、颈、胸等部位遮盖。

作战时采用楔形队列，一般为10排或12排编队，一个编队为384人或504人。配备的武器以长约12英尺（3.66米）的骑枪为主，还有佩剑（刃长约0.9米）、标枪、战斧、弓箭等。因重甲骑兵耗费巨大，拜占庭帝国骑兵中大部分是骑手披铠甲而坐骑无马铠。美国军事史专家杜普伊在《武器和战争的演变》中称赞战功累累的拜占庭骑兵，"是中世纪最可靠的一支部队"，"将兵器的威力、纪律性、机动性和突击力紧密结合起来，真正成为继古罗马军团之后又一支强大的军事力量"。

13世纪，在欧洲骑兵普遍追求强大的防护力和近战格斗能力、盛行重甲骑兵之际，由成吉思汗创建的蒙古骑兵在亚洲崛起。蒙古骑兵是中世纪一支训练有素、纪律严明、战术灵活、智勇兼备、令人生畏的旋风部队。蒙古骑兵也分为重骑兵和轻骑兵，重骑兵主要用于突击，但披戴的多是皮制盔甲，少量是从敌人那里缴获的锁子盔甲，马匹也只有部分皮制护甲。在蒙古骑兵中，重骑兵大约占40%，主要武器是长枪，还有一柄短弯刀或一根狼牙棒。不披盔甲的轻骑兵大约占60%，主要武器是强弓，至少需要75千克的拉力，射程218～328米。轻骑兵的任务是侦察、掩护、追击，以远射武器杀伤敌军，为重骑兵提供"火力"掩护。标准的蒙古野战部队由三个骑兵纵队组成，每个纵队约1万骑兵，每个纵队包括10个骑兵团（每团约1000人），每个骑兵团编制10个骑兵连（每连约100人）。作战时，多采用五个横队的

成吉思汗

蒙古骑兵

战斗队形,前两个横队为重骑兵,其余三队为轻骑兵(《武器和战争的演变》,92页)。骑手都是从小在马背上长大,受过严格的骑马射箭训练,具有驾驭马匹和使用武器的惊人本领。每个骑兵都有一匹或几匹备用马,在行军或战斗中可随时更换。蒙古马虽不及欧洲马高大,但具有极强的耐力,必要时可以连行数日而不吃饲料,甚至能在相当短时间在最险恶的地形上越过几乎令人难以置信的距离。西征欧洲时,一支蒙古骑兵从莫斯科出发,用半个月时间奔袭到匈牙利;另一支骑兵穿过崎岖的喀尔巴阡山脉,突然出现在波兰平原上。

公元 1219 年，成吉思汗亲率大军西征，横扫中亚、西亚诸国。1235 年后，成吉思汗的子孙和将领们统领骑兵多路分进，再次西征，攻占俄罗斯大部，攻入孛烈儿（今波兰）、马札儿（今匈牙利），直达里海、多瑙河。沿途与欧洲基督教国家组成的"十字军"重甲骑兵展开激战，风驰电掣的蒙古骑兵，将笨重的欧洲重甲骑兵杀得一败涂地，数万重甲骑兵被蒙古骑兵几乎全歼。此后，蒙古军队还降服阿拔斯王朝（今伊拉克）、叙利亚，东进占领高丽，南下攻灭南宋王朝。

几十年间，蒙古骑兵横扫欧亚，建立了世界上规模空前的宏伟帝国，因赫赫战功被誉为"世界第一骑兵"。多数情况下，蒙古军队比对手的军队规模要小，靠精锐骑兵的超强战斗力和灵活机动的战术以少胜多。据专家考证，成吉思汗组建的最大一支部队是西征波斯的部队，人数也不过 24 万。后来征战俄罗斯和整个东欧及中欧地区的军队，也没超过 15 万。蒙古骑兵威震世界，其取胜的基础不是数量而是质量，极盛时期蒙古本族的总兵力不超过 30 万。

疾风飙进的时代——古代战车

历史往往有着惊人的相似。今天，当我们看到隆隆前进的坦克集群时，能否想到，生活在3000年前的古人，也曾目睹过如此壮观的景象？谁能否认，那也是千里阔野、战车突奔的世界，那也是疾风飙进、狼烟突起的时代？尽管那时的战车，在机动、火力和防护性上都不能与今日的坦克同日而语，但是，它的突击使命，甲士与徒卒的建制编组、有机配合，却与今天并无根本区别。可以说，今人是在新的层面上重复着古人的历史，只是这重复比古人的档次更高，内涵也更丰富和深刻了。

战车的起源和演变

从公元前21世纪的夏朝，经商朝到东周后期，大约1600年间，以两匹或四匹马驾挽的木质战车，一直驰骋在中国古代战场上。这是中国古代战争史上的车战时代，战车是军队的主要装备，车战是两军交锋的主要作战方式。那也是先祖造字、汉字雏形的年代，早期文字中，许多与战争、军事有关的象形文字都有"车"形，如"军""阵""斩"等。

在四五千年前，传说黄帝部落开始使用车，并把车的发明归功于黄帝。《古史考》记载："黄帝作车，禹时奚仲驾马，仲又作车，更广其制也。"《荀子·解蔽篇》称："黄帝时已有车服，故谓之轩辕。"黄帝被称为轩辕氏，显然与车的制作有关。

《左传·定公元年》记载："薛之皇族奚仲，居夏，以为夏车正。"《吕氏春秋·君守篇》《墨子·非儒下》等也称奚仲善于造车，被大禹任命为"车正"。由此可知，奚仲是中国第一位专管车的官员，被后世尊为造车之祖。当时车的产量已经有了一定的规模，除用于贵族出行，大部分用于军事，夏代曾发生多次小规模车战。

目前，夏代战车还没有实物出土。1960年代初，蒙古考古学家在阿尔泰山一个狭窄的山谷中发现一组车的古代岩画，表现的是夏代的"钩车"。这些岩画可与《尚书·甘誓》《司马法·天子之义》等有关夏代战车、车兵的记载相印证，可推断中国使用战车的历史至少要追溯到夏代。

商代战车

　　1936年，在河南安阳殷墟车马坑中首次出土了一辆商代战车，车内外分布着三套兵器。此后又在同一区域发掘出四辆，商代贵族陪葬的车马坑大多位于主墓的西南方。令人惊讶的是，这些商代晚期的战车结构工艺复杂，已经相当完善。1996—1997年，中国社会科学院考古研究所工作者在河南偃师商城东北隅的一次发掘中，在城墙内侧路土上发现了两道双轮车的车辙遗迹，轨距120厘米左右，判定是由双轮战车碾压所致。该地还发掘出一件青铜质地的车害，偃师商城约为公元前16世纪的遗迹，为商代早期。

　　根据先秦文献、卜辞记载和出土文物，商、周时期的战车形制基本相同，从卜辞和金文中的"車"字，也可以看出商、周时期战车的大概造型：两轮、独辕（輈）、长毂，车厢（舆）为长方形，横长（130～160厘米）竖短（80～100）厘米，门开在后方。辕前端横置车横，横上缚两轭用以驾马。商代战车轮径比较大，130～140厘米，辐条18～24根。以商战车比较山东胶县西庵出土的西周战车以及《考工记》的文字记述，商、周战车结构也有些变化，主要是车轨逐渐减小，车辕逐渐缩短，而车轮辐条逐渐增多，这些改进有利于提高战车的行驶速度和灵活性。

战车车体用优质木材制造，在重要部位装有青铜件，通称车器，用于加固和装饰。轮轴是战车的关键部位，毂是轮轴结合部，承重量大，因此配置䡮等多种青铜车器保护车毂，使其在战斗中不致被碰折。

商代战车大部分是两匹马驾驭，西周时的一辆战车通常为四匹马驾驭。中间的两匹辕马称"两服"，左右两侧拉旁套的两匹称"两骖"，合称"驷"。西周至战国，"驷马战车"成为主流，有孔夫子编纂的诗歌《诗·小雅·六月》为证："戎车既安，如轾如轩。四牡既伎，既伎且闲。"诵读这首诗，似乎一辆四匹雄马驾驭的威武战车扑面而来。春秋时期车战频繁，战车也有所改进，主要体现在对驾车马匹的保护上，出现了整套的皮制马甲马胄，同时在车轴两端安装矛状轴头（称车軎）。青铜軎套在车轴两端，上配辖，用以加固轴头。这种结构，增强了战车冲锋对步兵的杀伤能力。战国时期骑兵兴起，车战趋于衰落，但对战车的保护有增无减，出现了车厢上加装青铜甲片的战车。河南淮阳马安冢出土的一辆战国中期的战车，车厢部位装有80块青铜甲板（每块长13.6厘米，宽约12厘米），颇似"装甲战车"。这是迄今发现唯一有青铜装甲的先秦木制战车。可见，战国时期木制战车的防护能力和进攻能力都达到了高峰。

战车上的乘员通常为三名甲士,按左、中、右排列。左方甲士持弓、主射,是一车之长,称"车左"或"甲首";右方甲士执戈或矛,称"车右"或"参乘",主要任务是在两车错毂格斗时击刺敌方乘员,并担负为战车排除障碍的任务;居中的是驾驭战车的御手。此外,还有四人共乘之法,叫"驷乘"。但这是临时搭载性质,并非编制通例。

一乘战车就是一个最基本的战斗单位,除了车上的三名甲士,车后还配以一定数目的徒步兵卒。在夏、商时期,护卫天子和诸侯的虎贲亲兵的战车,甲士都是贵族子弟。其他战车上的甲士,也多为有身份的"士",起码是"国人"(平民),而车下兵卒多为身份低的"庶人"和奴隶。每乘大约10人。《禹鼎》铭文称"戎车百乘,徒千",正好是一乘车配10名徒兵。后来随着战争规模扩大,兵车增多,车后徒兵数量也有增加。据《司马法》记载,西周时每乘战车编制25人,其中甲士10人(车上3人,车下7人),步卒15人。春秋初期,每乘战车编制人员增至50人,后期达到75人。

战车的多少,是衡量一个国家兵力和国势强弱的重要标志。为争雄称霸,各诸侯国竞相发展战车,春秋时期出现很多"千乘之国"甚至"万乘之国",如晋国和楚国,拥有战车超过4000乘。直到战国晚期,虽然车兵逐渐被步兵、骑兵取代,战车不再担负主要作战任务,但作战方式的演变是极其缓慢的,各国仍保留有相当数量的战车。《史记·张仪列传》记载,

战国时期驷马战车

当时秦军的组成是"带甲百余万,车千乘,骑万匹。"

中国古代战车的制造技术长期处于世界领先地位。到春秋时期,战车制造工艺就非常讲究了,涉及木工、漆工、锻造等多个工种。齐国官书《考工记》中,仅制作车轮部分就有6项规定。首先是选材,制轮的木材必须标明树木的阴面和阳面(向阳光面为阳面),阳面比较坚韧,而阴面水分较多相对柔软,要用火先烤一下阴面,使其坚度与阳面一致,这样制造出来轮轱才坚固耐用。其次对车辐、轮柄等各个部件

秦始皇陵1号铜车马

的规格以及出厂前的检测方法都做了规定。所制战车都能达到规定指标，制车者就会被称为国工，相当于现在的高级工程师。

1980年，在秦始皇陵西侧陪葬坑中曾出土一辆青铜的驷马战车模型，可能是帝王乘车的护卫车辆，车厢上装有伞盖，并配备弩、盾等兵器，战车由2000多个青铜零件组装而成，结构复杂，造型精美。虽是殉葬品，但也反映了当时战车制作工艺之高超。

根据作战需要，战车分为戎车、轻车、阙车、广车等多种，功能各异。戎车，亦称"戎路"，为国君所乘，形制与一般战车相同，上面配有旗、金、鼓等指挥用具，是战车大军的"灵魂"和"旗舰"。春秋中期以后，军中出现专职将帅，国君不必再亲自登临战车指挥作战，戎车即成为将帅的指挥车。两军交战时，国君或将帅居中枹鼓，指挥军队；御手居左，称

"御戎";执戈之士居右,称"戎右"。

轻车,又称革车、武车、长毂,车上不设伞盖,驾4匹马,乘3名甲士,是一种适于驰骋作战的攻击型战车,各诸侯国用于车战的主力。车上配有多种格斗兵器。据《周礼·夏官·司兵》的说法,"军事,建车之五兵"为弓矢、戈、戟、酋矛、夷矛。平时插放在战车舆侧,供甲士战斗中随手选用。但从多处出土的战车兵器看,车上配备的兵器并不都是那样齐全,有的只有二三种。

阙车,是作战中的机动战车。两军对阵,方阵中出现空缺时,即由阙车补上。《国语·晋语》有一句"军有左右,阙从补之",就是此意。公元前597年,楚、晋两国在今河南荥阳附近的邲之战中,楚将潘党"率游阙四十乘",补唐侯的左翼方阵,即为一例。此战楚军获胜,夺得中原霸权。

广车,是一种防御型战车,可多辆连接,组成屏障,阻止、迟滞敌军进攻。汉代经学大师郑玄在先秦文献注疏中称:"广车,横陈之车也"。另外,还有宿营、列阵时"周匝四面"的苹车,供攻城、施烟、纵火、瞭望等之用的特种战车,以及用于运送粮草、物资的兵车。

古代战车之所以能在中国战场称雄上千年,因为这种装备曾集成了青铜兵器时代的先进军事技术:畜力驾挽的双轮战车,具有较强的机动性和冲击力;车上甲士的青铜兵器,具有较大的杀伤力;车上配备的旗鼓铙钹,可保障军队的统一指挥。

1990年,考古工作者在山东临淄后李官村发掘了多座春秋古墓，在 1 号坑出土了 10 辆战车、32 匹战马。临淄后李官车马坑被列入全国十大重要考古发现，1994 年在遗址建立了中国古车博物馆。与商代战车相比，春秋战车车厢更为宽大，车轼更高，利于扶握。

20 世纪 50 年代到 90 年代，考古人员对河南三门峡上春岭西周晚期到春秋早期的虢国墓地进行了持续 30 多年的发掘和研究，其中有 8 个陪葬车马坑，

临淄春秋战车复原图

埋葬时间是公元前9世纪初至公元前7世纪中叶晋灭虢（公元前655年）止。在杂草丛生、乱石堆积的荒野之下，竟然埋藏着一支规模恢宏、由真车真马组成车马军阵。8个车马坑中共有战车52辆，战马146匹。其中最大的是虢国国君虢季的陪葬车马坑，南北长47.6米，宽3.7～4.16米，随葬13辆车、64匹马和6只狗，是中国迄今考古发现的级别最高、规模最大、保存较好的大型车马坑遗址。车马坑里的车全是木质的实用战车，车宽1～1.4米，符合《考工记》兵车宽六尺六寸（合1.27米）的规格。专家称，春秋时期虢国战车大都为一车二马。陪葬车马的埋葬顺序是将马全部入葬，再从坑中部向北依次放置战车，前一辆车压在后一辆车前辕之上，辕头均朝北排列有序。走进以虢国车马坑原状陈列的"车辚马萧"展厅，似乎置身于兵车辚辚、雄伟壮观的军阵之中，眼前呈现出战车滚滚、战马嘶鸣的战斗场景，也能想象到当时虢国兵强马壮的军事实力和逐鹿中原的威武气势。

古代战车之所以在战国后逐渐走向衰亡，是因为这种装备在进入铁兵器时代后已经属于滞后的军事技术。铁兵器的广泛采用和弩的改进，使步兵得以在宽大正面上有效地遏止密集整齐车阵进攻。同时，由于战车车体笨重，驾驭困难，转向不灵敏，要求战场地形平坦广阔，直到今天，中国象棋的"车"仍只能直来直往，这正是战车特性的真实写照。春秋时期实行井田制，每一块土地都很规整，便于战车驰骋，正如《诗经·大雅·大东》所称，"周道如砥，其直如矢"。到春秋末期和战国时期，井田制崩溃，私田大幅度增加，原来的道路系统被破坏了，战车运动受到严重阻碍。早期战争的作战样式，主要是战车方阵在广阔地带的决战，当一方车阵被击溃后，胜负便成定局。战国时期战争的作战样式，更多地表现为对城邑、要塞的争夺，战车在作战中的地位大大降低，便逐步形成了以步兵为中心、车兵为辅翼、骑兵为机动的新的战争样式。在汉武帝时期（公元前140—前87年），为与匈奴进行持续的战争，大规模扩充骑兵部队，此后战车便退出了战争舞台中心，回归以运输、出行工具为主责。

夏商周时代的车战

中国古代有文字记载的第一次较大规模的车战——甘之战，发生在公元前21世纪初叶。战争的起因是为争夺王位的继承权。在尧、舜时代，华夏的部落联盟首领继承者的产生，实行禅让制，由部落联盟议事会讨论，候选人的资历和才能是主要因素。在禹的时代，部落联盟趋于瓦解，国家正在形成，禹所代表的夏后氏（姒姓部落，主要活动于以今河南登封为中心的伊、洛流域）不断扩充势力。禹生前向部落联盟议事会推举伯益（曾协助禹治水有功，创凿井术、驯兽术）为继承人。禹死后，他的儿子姒启及其拥护者联合起来对抗伯益，最终杀死伯益，夺得王权，并废除禅让制，建立了中国历史上第一个世袭制的王朝。实力也很强的有扈氏部落（活动于今河南原阳原武一带，另说为今陕西户县一带）不服，起兵反抗。姒启为巩固自己的统治地位，亲率由车兵、步卒组成的军队，从都城阳城（今洛阳以南，洛河、伊河流域登丰县一带）出发长驱三百里，征讨有扈氏。两军在必争之地甘（今陕西户县西南，另说在今郑州西，或今洛阳西南）展开激战。启初战不利，再战，终将有扈氏击败，罚其部众民众为牧奴，有扈氏遂亡。《尚书·甘誓》中记载了这次战争，主要内容是姒启在战前告诫全军将士的言辞，也可称为战争动员令，包括宣布有扈氏的罪状，申明纪律约戒，命令部属忠于职守，努力战斗，还申明奉行命令者将在祖庙中受到奖赏，违背命令者将在社坛前处死。"甘誓"针对战车上的战斗

甘之战

人员，称"左不攻于左，汝不恭命；右不攻于右，汝不恭命；御非其马之正，汝不恭命"（注释："左"是车左，执弓主射；"右"为车右，执戈矛主刺杀；"御"居中，驾驭战马。译文：战车左边的甲士如果不善于用箭射杀敌人，你们就是不奉行我的命令；战车右边的甲士如果不善于用矛刺杀敌人，你们也是不奉行我的命令；中间驾车的御手如果不懂得驾车的技术，你们也是不奉行我的命令）。最高统帅对车上每名甲士如此关注，可见车兵、战车在战争中的重要地位。

经过这场战争，平息了中原地区部族纷争的局面，中国历史上真正的王朝得以诞生，中国的历史进程也进入了奴隶制的社会。同时，战车在战争中显示了威力，车战这种新的作战样式开始形成和发展。

夏启传嗣14代到姒桀。桀是个暴君，他横征暴敛，骄奢淫逸，穷兵黩武，致使民众怨恨，方国叛离，统治濒临崩溃。此时，发祥于今河南、山东黄河下游地区的商部族，在首领商汤的领导下发展壮大起来。商汤任用贤人仲虺、伊尹分别为左相和右相，对内励精图治，对外广结盟国，积极进行灭夏的准备。公元前16世纪初，商汤联合各方国军队，誓师伐夏，亲率战车70辆，敢死之士6000人出征。采取战略大迂回，绕道突袭夏都斟鄩（今洛阳偃师二里头地区），在郕（今山东宁阳东北）首战获胜。夏桀退至鸣条（今山西夏县东下冯村），商军乘胜追击，大获全胜。桀率残部逃至南巢（今安徽巢湖市一带），后被商军俘获。商汤灭夏的鸣条之战，在《史记·殷本纪》《吕氏春秋》中均有记载，是史书中最早明确记载参战战车数量的战争。

商汤传嗣17代，到最后一个君主商纣王，近600年中，战车的形制和车战的规模都发生了巨大的变化。目前考古发掘中获得的战车实物，时间最早的出土于河南安阳殷墟遗址，为商代晚期。同时期的甲骨文中也有不少战车使用的记载。商代战车一般驾两匹马、两轮、方形车厢（舆）。到西周时期，战车形制相似，但由两匹马驾驭发展为四匹马驾驭为主，车战的规模也扩大了。公元前1046年周武王伐纣时，《史记》记载军队主力是战车300乘，虎贲（勇士）3000人，甲士45000人，会合8个方国部落的军队于牧野。《诗经·大雅·大明》称周军"檀车煌煌，驷騵彭彭"。二月甲子日凌晨，周武王在阵前誓师，历数商纣罪状，激发全军将士同仇敌忾之心。为保持指挥

周武王

顺畅和车徒协同,规定每前进六七步,每击刺四五次即停止取齐,保持队形整肃,发挥车战的整体威力。誓师后,周武王坐镇中军,命令姜尚(姜太公)率一部精兵首先发起攻击,随后指挥以战车、虎贲为骨干的主力猛冲商阵。周军射出如雨的箭矢,商军方阵开始骚动起来。商军多是纣王的奴隶和刑徒,不愿为纣王效死卖命,在周军猝然猛攻之下,商军"前徒倒戈",为周军开路。战至天明,商军土崩瓦解。纣王逃回都城朝歌,穿上嵌满珠宝玉石的朝服,于当晚登上祈神求卜的鹿台,点火自焚而死。周军乘胜攻克商都,周武王用铜钺将纣王的头颅砍下,挂在大白旗上,以庆胜利。商朝约600年的统治至此完结。

这场以战车为主力的战争,不仅在文献资料中有记载,还有出土文物为证。1976年,陕西临潼县零口镇出土一件高28厘米、口径22厘米、重7.95千克的青铜簋,因制器者名利,被命名为"利簋",因簋上铭文记载了周武王征伐商纣王事,又名"武王征商簋"。现收藏于国家博物馆。2002年1月,利簋被确定为首批禁止出国(境)展览的文物。2012年,《国家人文历史》杂志邀请九位考古、文博方面的专家,对全国众多国宝级文物进行权衡,评选出"九大镇国之宝",利簋名列其中。利簋最为重要,也最有价值的是该器腹内底部所铸4行33字铭文:"武王征商,唯甲子朝，岁鼎，克昏夙有商，辛未，王在阑师，赐有事利金，用作檀公宝尊彝。"铭文大意：周武王征伐商纣王。一夜之间就将商灭亡，在岁星当空的甲子日早晨，占领了朝歌。在第八天后的辛未日，武王在阑师论功行赏，赐给右史利许多铜、锡等金属，右史利用其为祖先檀公作此祭器，以纪念先祖檀公（据原北京大学教授、中国社会科学院历史研究所研究员张政烺先生释文）。

利簋及其底部铭文

由于生产力的发展和兼并战争的加剧，春秋时期的车战更加频繁，战车数量大幅度增加。公元前632年4月的城濮之战，晋国出动战车多达700余乘。此战，晋军获胜，战后，晋侯向周王献"驷介百乘，徒兵千"。公元前505年的柏举之战，秦国派出500乘战车救楚，吴国军队力战秦、楚两军，三国参战的战车在千乘以上。据先秦典籍统计，春秋时代发生的军事行动，平均每次出动战车为403乘。

春秋时期战争的目的，主要是大国之间争夺霸主

春秋战车

地位，军力强大的诸侯通过战争迫使实力较弱的诸侯尊奉自己为霸主，实现政治控制。因此，交战之前要先下战表，双方约定时间、地点。车战也有一套规则，通常是在开阔地带摆好阵势，然后击鼓扬旗，堂皇而战。偷袭、击半渡之军，都属不义，要受到道义的谴责。交战时，首先以弓矢对射，而后驱车冲击。战车都向左转弯，敌对的两车相向奔驶，在相交错的一瞬间，车右甲士持长柄兵器击刺对方甲士，如果不分胜负，战车便绕一个圈子回到原来位置再战，这就是一个回合。古书中所说大战几十个回合，实际就是大战几十圈，直至一方败北。春秋时期的战争规模都不太大，持续时间也不长。战国以后，土地兼并成为战争的主要目的，一次战争往往出师千里，历时数月、数年，也不再排列"君子之阵"，而是"权谋乍兴"，那种仪式化的车战消失了。

世界战车与车战扫描

在古代亚洲、非洲的一些国家,战车也一度是最重要的战争工具之一。根据目前的考古成果,最早使用战车的是两河流域的苏美尔人。

来自遥远东方的黑发种族苏美尔人,最早进入底格里斯河和幼发拉底河之间的美索不达米亚地区(今伊拉克境内)。他们在这片肥沃的平原上创建了灿烂的苏美尔文明,包括世界第一种文字(楔形文字)、第一座城市、第一部法律、第一个制陶器的陶轮等。由陶轮引发车轮的灵感,在公元3200年左右创制了世界上最早的战车。这是一种木质战车,4个实心车轮,轮上无辐条,由2匹驴拉挽,车体蒙上兽皮作为保护。车上有2个士兵,配有战斧、长矛等兵器。战车应该有的要素,乌尔战车基本都具备了。公元前3100—前2800年,两河流域南部形成了几十个城邦,主要有乌尔、埃利都、乌鲁克、拉伽什、乌玛、尼普尔、苏鲁帕克、基什、西帕尔等。这些城市因水权、贸易道路和游牧民族的进贡等事务时常发生武装冲突,车战已经成为一种重要的作战样式,有历史文物为证。

1922—1934年,由英国考古学家伍莱牵头的一支庞大队伍,对7000年前的美索不达米亚南部城市乌尔遗址(今伊拉克巴格达以南)进行了大规模发掘。最著名、最激动人心的发现,是从乌尔王第779号墓中发现的乌尔王军旗,被公认为是苏美尔文明最具代表性的文物,墓葬时间为公元前2600年左右。

用贝壳、天青石、石灰石在木板上精心镶嵌而成，长约 40 厘米，高约 18 厘米，在两面分别呈现了战争与和平的画面，据称是乌尔王出征时的门旗，也是庆功的旗帜。

军旗正面描绘的是战争情景，分为三层。最下一层为军队出征与凯旋：四轮战车驰骋战场，车上站着驭手和士兵，右边第一辆象征着军队出征，第二辆至第四辆战车下面躺着敌人，表示在战争中获胜。中间一层表现战斗与胜利后的士兵行列，有穿戴盔甲的，有披着毛毯斗篷的，有手持短矛正在与敌人搏斗的，还有押送俘虏的，右侧是正扭头转身、狼狈逃窜的敌军。最上一层，中央是乌尔王，他侧身向右，手拿王鞭，身后是他的卫兵和马车，前边是被巡视的士兵及战俘。军旗的另一面描绘的是和平场面，也是三层画面。第一层是国王与贵族们正在欢宴，贵族手中持着酒杯。第二、三层描绘运载战利品的场景，人们驱赶牛羊，驮运货物，正向王宫进发。军旗在有限的空间

乌尔王军旗（第二、三层）

乌尔王军旗战车复原图，轮子为实心，转向比较困难

里，容纳了超过100个人物、动物以及战车、兵器的形象，栩栩如生地再现了4700年前乌尔王国的战争与和平。

大约在公元前20世纪，西亚地区印欧伊朗语系的古代民族率先制造和使用双轮、带有辐条、轻便灵活的马拉战车。公元前18世纪，起源于西亚巴勒斯坦地区的希克索斯人，凭借双轮战车和其他青铜兵器的优势侵入并控制整个埃及，统治埃及100余年（第十五、十六王朝），同时把双轮战车以及先进的青铜兵器、复合弓引入埃及，使埃及拥有了当时世界上实力最强的军队。战车制造工艺在埃及得到进一步的发展，如同日后新王国浮雕上出现的那种外观华丽的战车，一般用两匹马牵引，车轮由4～6个辐条支撑，几乎没有车体，车上仅搭载1名驭手和1名弓箭手，更加轻便和快速。这种埃及式轻型战车，在亚洲诸国流行千余年。据圣经《旧约·列王纪》记载，亚洲许多国家都从埃及购进战车，价格十分昂

古埃及战车

贵。每辆车600舍克勒（古希伯来重量单位，1舍克勒约合11.25克）白银，每匹马150舍克勒白银，装备一套完整的战车需10千克白银。战车只有贵族才能买得起，车兵在许多国家几乎成为贵族的专属职业。

崛起于小亚细亚（今土耳其安纳托利亚半岛）的赫梯人，也是最早制造、使用战车的古代民族。在安纳托利亚半岛考古发现的楔形文字泥版，记载公元前17世纪的赫梯人曾在一次作战中出动40辆战车。赫梯人的战车已经比较成熟，古埃及的战车轮子有8个轮辐，他们改进为4个或6个轮辐，使战车更为轻便。古埃及战车只能装2名士兵，而赫梯战车可载乘3名士兵，分工类似中国春秋战车上的 3 名甲士。在古代军事史上，赫梯人以无坚不摧的战车、率先使用优良的青铜和铁质兵器而威名远扬。公元前 1700 年左右，赫梯人建立国家后开始向外扩张。依靠战车优势，赫梯人一度垄断了近东的贸易通道和自然资源。公元前 15 世纪末至公元前 13 世纪中叶，是赫梯王国最强盛的时期。乘当时埃及国力削弱之机，相继占领埃及在叙利亚的许多领地，而后攻陷巴比伦帝国首都巴比伦城。

赫梯人战车

以底格里斯河两岸为中心建立的亚述帝国崛起时，小亚细亚的赫梯帝国已走向衰亡。亚述人从赫梯引进铁器，亚述军队装备进入铁器时代，又有战车和骑兵，成为两河劲旅，所向披靡。亚述版图北起乌拉尔图，西抵地中海岸，西南到埃及北界，形成西亚军事强国。亚述帝国进入帝国最后一个也是最强大的王朝是萨尔贡王朝。从萨尔贡二世时起，亚述的骑兵和步兵有了重大发展。这个时期亚述人发明了马鞍，骑兵冲击力大大增强，战车兵的重要地位逐渐被骑兵代替，战车最后只有国王乘用。

《国王出征》浮雕

建造于公元前722—前705年的萨尔贡王宫，占地面积达17万平方米，宫殿内的多座巨幅浮雕向人们述说着三千年前亚述帝国征战称雄的辉煌历史。这座《国王出征》浮雕，创制于公元前875—前860年，高101厘米，宽86厘米，厚20厘米。浮雕上，亚述国王那舍巴尔（公元前883—前859年）乘着战车，佩剑出行。他圆睁双目，右手拿箭，左手握弓，前有马夫开道，旁有侍从遮阳。画面底部的线条描绘了崎岖的道路和湍急的河流，以表征战之艰难。

古埃及历史上最著名的法老拉美西斯二世即位后，致力于增强国力，古埃及进入最强盛的新王国第十九王朝，近东两个势均力敌的帝国埃及与赫梯，不可避免地展开了旷日持久的霸权争夺战，其中最重要的战役是卡迭石之战。这次战役规模宏大，双方都以战车为主力，是人类有文字记载的最早的一场大战。公元前1299年，为恢复埃及在叙利亚的统治权，法老拉美西斯二世（公元前1304—前1237年在位）率4支以神命名的部队约2万人，双轮战车2000辆，并招募雇佣军约1万人，从巴勒斯坦萨鲁出发向叙利亚进军。经过13昼夜的行军，抵达赫梯军事要塞卡迭石（今叙利亚霍姆斯湖附近）。赫梯国王穆瓦塔里斯率军约2万人、战车2500辆迎战。双方均以战车与步兵协同作战，战斗十分激烈，但双方势均力敌，难分胜负，各自撤军停战。此后十多年，双方仍有争战，但都未能取得决定性胜利，此时双方都已经精疲力尽，损失惨重。公元前1283年，拉美西斯二世与

卡迭石之战

赫梯新王哈图西利斯三世决定停止长期战争，缔结和平条约——《古埃及—赫梯和约》。因条约写在一块银板上，亦称"银板和约"。这是世界上第一个以文字记载、流传至今的军事条约，也是世界上最早的和平条约。这段历史不仅有确凿的文献记载，还有法老神庙遗址为证。2006年，德国考古学家在开罗东北部发掘出一座古埃及太阳神庙遗址，里面有拉莫西斯二世的巨大雕像，由红色花岗岩制成，重达4～5吨。还有一座刻有拉莫西斯二世象形文字名字的坐像，以及一座3吨重的头像。

双轮战车究竟是如何发明的，至今尚无定论。1982年，考古人员在俄国乌拉尔地区克里沃伊湖附近的多处墓葬中发现了战车和挽具，时间测定为公元

乌拉尔战车

前 2026 年左右，是目前出土最早的双轮战车实物。在广大的西伯利亚至中亚、直到南俄草原，最远到天山，都属安德罗诺沃文化范围，从这些地域出土了最早驯化马的骨骼和鹿角制成的马嚼。乌拉尔出土的战车，与中国商代的战车很相似，但时间更早，相差大约 700 年。一些专家认为，驯化马和马车是安德罗诺沃文化对世界历史发展的重要贡献，正是这些四处游牧的青铜文化部落将战车传向四方。战车最早向南传播到波斯、再传到印度，向东传播到中国（商朝时期），向西传入东欧和小亚细亚和埃及。所有旧大陆的文明古国包括中国，军队作战能力的提升都受益战车技术，而和外界隔绝的美洲大陆，一直到 16 世纪才见到战车。

踏破平浪雄师来——
古代战船

随着古代战争从陆地发展到河流、湖泊，从内河发展到海洋，舟船也不断为适应战争的需要而逐步发展起来。得天独厚的地中海，不仅给欧亚非沿岸各国创造了通商的便利，同时也为雄心勃勃的征服者提供了最便捷的进军途径。中国南部发达的水网，承担起中国古代造船技术领先于世的千年辉煌。但无论是高大的汉代楼船、轻捷的威尼斯桡船，还是跨洋远航的郑和宝船、威风凛凛的西班牙加列尼舰，都总是高扬着战旗，无不以征战为第一要义。而人类的造船技术，就是在满足战争需要的过程中不断提高的。

从独木舟到木板桨船

著名的人类发源地,都与江河分不开,如西亚的两河流域(底格里斯河与幼发拉底河)、埃及的尼罗河下游、中国的黄河中下游、印度的恒河流域,她们孕育了灿烂的古代文明。人类离不开江河,必须征服江河,便尝试制造各种渡河工具。距今七八千年以前,在东西方的几个文明古国,几乎同期出现了原始的木筏和独木舟。

原始社会的人们从水面上漂浮的木头产生联想,制成早期的独木舟。《淮南子·氾论训》称:"古人见窾木浮,而为之舟。"中国古代典籍中,对舟船的发明有多种说法。《周易》归功于伏羲,称"伏羲氏刳木为舟,剡木为楫";晋王嘉的《拾遗记》则称"轩辕变乘桴,以舟楫",也有的说是黄帝轩辕氏的臣子共鼓和货狄发明的。1973年始,考古工作者对浙江省余姚县河姆渡村的新石器时代遗址进行了多次发掘,

1996年发行的以河姆渡船桨为题材的纪念邮票《划桨行舟》

出土了8支木浆，都用原木制作。其中一支长35.4厘米、宽13.9厘米、厚1.5厘米，柄部与桨叶由整段木料加工而成，桨叶呈扁平的柳叶状，自上（柄部）而下逐渐减薄，桨柄桨叶连接处还刻有花纹。经北京大学碳十四实验室测定，木浆年代鉴定为距今约7000年。据此，中国舟船的发明至少可追溯至传说中的黄帝时代。有桨一定有船，可以推测，7000年前的河姆渡人已经划着独木舟在湖泊之中捕鱼、采菱了。

跨湖桥独木舟

1990年5月，在浙江省萧山湘湖村发现新石器时代的跨湖桥遗址，出土了迄今为止世界上最早的独木舟。经考古发掘和碳14年代测定，跨湖桥遗址和独木舟的年代为距今7000～8000年。2009年9月，

武王孟津观兵

在遗址之上建立的博物馆正式开馆，建筑顶上的几盏探灯投向陈列于底部的一条独木舟。在这个巨大的恒温恒湿空间里，长约 5.6 米独木舟静静地躺在玻璃房子里，它的周围还原了当年挖掘现场的考古场景。

随着人类文明的不断进步，人们也对独木舟和筏进行改造，逐步演变成不同于独木舟和筏的新船——木板船。据考证，木板船的发明，至少不晚于夏朝。到了商朝，人们开始普遍使用金属工具建造木板船，并进行较大规模的商业活动。由独木舟和筏发展到木板船，是造船史上的飞跃。殷墟出土的甲骨文中，出现了象形字"舟"。从字形看，有船舷，有船舱，独木舟已经发展为木板船了。

殷商时期的木板桨船开始用于战争，最初是用来输送军队。公元前 1046 年，周武王会诸侯于孟津，率战车300乘、甲士45000人、虎贲之士3000人的大军，浩浩荡荡来到黄河渡口。吕尚（姜子牙）先期赶到河边，准备了47艘供渡河用的大型木船。《史记·齐太公世家》记载，周武王伐纣之前，曾经组织过利用舟船将战车部队运过黄河的演习。渡河之前，吕尚左手执黄钺，右手握白旄，宣读作战命令："苍兕！苍兕！统率好你属下的官兵，管理好你管辖的战船，落伍者处斩！"据东汉经学家马融译注，苍兕即是中国历史上第一个统领水军的指挥官。数万盟军顺利渡过了滔滔大河，直捣商都朝歌（今河南淇县），灭了商纣。这是中国历史上最早战船用于战争的记载。

春秋时期，在江河纵横、湖泊密布的荆楚吴越地区，行军作战都离不开舟船。楚、吴、越三个大国为了争夺霸权，特别重视战船的制造和发展，都组建了专供水战的部队进行了多次水战。《左传》记载，鲁襄公二十四年（公元前549年）夏，"楚子为舟师以伐吴……无功而还"。鲁昭公十七年（公元前525年），吴国公子光统领吴国水军，与楚国水军大战于长岸（今安徽当涂南）。楚国水军占据上游有利条件发起攻击，大败吴师，获吴王乘舟"馀皇"。馀皇是吴军的旗舰。为夺回失去的馀皇，公子光派3名士兵扮成楚人，潜泳至馀皇舷外，配合吴军乘夜偷袭，击败楚军，"取馀皇而归"。《史记·越王勾践世家》记载，公元前482年，越国"发习流二千人，君子六千人，诸御千人，伐吴"。这里说的"习流"，即"习水战之兵"。可见，造船业首先在濒江傍海的吴、越、楚、齐等国发展起来，乘船作战已经相当频繁。

对舟船的种类、大小，先秦古籍也有记载。据唐代经学大家李善注引的《伍子胥水战兵法》，吴国水军的战船可分为大、中、小三种类型，即"大翼""中翼""小翼"。大翼长十丈（约合 20 米），中翼长约九丈六尺，小翼长九丈。而《越绝书》则称大翼"广丈六尺（宽约 3.2 米），长十二丈（约合 24 米）"，能容战士 26 人、櫂（桨手）50 人，加上其他人员合计 91 人。此外，据《太平御览》记载，吴国还有突冒、楼舡（船的异体字）、桥舡、餘皇，越国也有戈舡、楼舡。当时，实力最强的吴国水军已经初步装备了功能不同的多种战船，活动范围率先从江、湖扩至海洋。《左传》记载，鲁哀公十年（公元前 485 年），吴国协同鲁国、郑国、邹国伐齐，吴王命徐承率领一

餘皇

支舟师跨海北征，在山东半岛登陆，从侧后翼攻击齐国。登陆战虽然打得不理想，但此次远征成为历史上有记载的中国舟师第一次沿海活动，徐承指挥的舟师成为中国第一支跨海远征的舰队。

吴、越争霸江南，吴王夫差率水师伐越，在夫椒（今太湖洞庭山）大败越军，越王勾践被俘，几近亡国。越国君臣卧薪尝胆，励精图治，蓄积国力、军力，伺机灭吴。周敬王三十八年（公元前482年），踌躇满志的吴王夫差被勾践的卑躬屈膝假象所迷惑，不以越国为患，一心想争霸中原，亲率全国精兵北上黄池（今河南封丘南）与晋会盟，仅派太子友率老弱兵1万人留守国都姑苏（今苏州）。越国乘吴国空虚之机，调集习流（习水战之兵）2000、教士（经过训练的士卒）4万、君子（越王亲兵）6000、诸御（在职军官）1000人，分两路向吴国进攻。两路军队进展顺利，范蠡、舌庸率领的水师从海道入淮水，切断夫差所率吴军自黄池返国之路；勾践统领越军主力直捣吴国腹地，两军在五胡（今太湖）、泓上（今苏州西南）激战，越军攻占吴国都，"焚其姑苏，徙其大舟"（见《国语·吴语》）。

此后，又经公元前478年的笠泽江水战，吴军主力被全歼，越军取得灭吴的决定性胜利。越国之所以反败为胜，称霸于江南，拥有一支强大的水军至关重要。勾践特别重视造船，从会稽迁都到琅琊时，已经拥有楼船卒2800人，戈船（战舰）300艘。公元前472年，勾践在会见孔子时，曾谈到建设水军的重要性："越性脆而愚，水行山处，以舟为车，以楫为马，往若飘然，去则难从，悦兵敢死，越之常也"（见《吴越春秋·勾践伐吴外传》）。

直到战国时期，中国古代战船仍处于木板桨船阶段，有出土文物为证。1935年，考古人员在河南汲县山彪镇1号墓发掘出两件战国初期铜鉴，被命名为"战国水陆攻战纹铜鉴"。高30.1厘米，口径54.5厘米，底径29.1厘米，容积44300毫升，重18.75千克。口沿及腹部上下饰有斜角云雷纹，腹部镶嵌着水陆攻战图，生动展现了惊心动魄的古代战争场面。图案中有290多个人物，包括拼搏、射杀、击鼓、犒赏、送别等。上层、下层为张弓扬戟的徒卒战，中层为水战和云梯进攻等。其中的水战刻纹图，形象地描绘了当时驾船作战的情景。1965年，在四川成都百花潭10号墓又出土了一件带有水战刻纹图案的战国初期铜壶。从这些铜器上的图案可以看出，战国时期的战船为桨船，船身修长，首尾起翘，分上下两层，上层搭载作战的战士，下层为划桨的桨手。战士使用弓矢、矛、戟、短剑、盾等兵器，战船上还有用于指挥的旗、金、鼓等。船上没有风帆，完全靠人力划桨作为动力。

战国时期，包括内陆的各国都相继建立水军或水上运输船队。《华阳国志》记载，秦惠王伐楚时，"司马错率巴蜀之众十万，大舶船万艘，米六百万斤"，沿江而下。可见当时水上军事运输已具有十分可观的规模。秦国水军称为"楼船之士"（《史记·平津侯主父列传》），在统一江南、岭南的战争中发挥了重要作用。

秦汉至明代的战船

秦统一全国后，战船制造业和水军建设有了长足发展。先进的炼铁炼钢、木材加工和防腐防漏等技术，都为中国战船领先于世创造了条件。秦始皇率卫队在江河湖海中进行过长达数月的巡游，乘坐的是大型楼船。为寻长生不老"仙药"，秦始皇二十八年（公元前219年），天下能工巧匠被始皇征集至琅琊台下开始修造楼船，并且在全国各地挑选童男童女抵达琅琊，

徐福东渡

汉武帝楼船雕塑

交术士徐福带领，去东海采长生不老药。徐福千童浩浩荡荡的庞大船队，带着世界最先进的秦文化，由琅琊古港起航，过山东半岛、朝鲜半岛，最终到达日本。徐福东渡开创了世界远航先河，比明朝郑和下西洋早1600多年，比哥伦布首航美洲早1700多年。

2015年，陕西西安渭桥考古发掘出一艘汉代古船，这是国内迄今发现的最早的木板古船。该船采用榫卯结构，在东亚地区首次发现这种结构的古船。历经多年实践，汉代造船技术人员对船型与船舶性能的关系已有一定的认识，认定狭而长的船速度快，短而宽的船稳定性好，战船结构、种类趋于完备，水军的规模更加扩大，成为与步兵、骑兵等并列的几大兵种之一。《汉书》的《食货志》《南粤传》记载，汉武帝

赤壁之战

时曾以"楼船士二十万人击粤"。汉军在浔阳和庐江郡设水军基地，建造大批战船分三路进军南粤：东路从鄱阳湖沿赣江南下，中路从洞庭湖沿湘水南下，西路从巴蜀自牂牁江下西江，会兵番禺，使用的都是内河战船。

东汉末年，发生了多次大规模水战，东吴的长江水师和刘表的荆州水军实力最强。汉献帝建安十三年（公元前208年），曹操在统一北方各割据势力后，向江南进发，荆州水师归降了曹操。孙权联合刘备抗曹，在长江水域进行了规模空前的赤壁之战。

曹操占领江陵（今湖北荆州）后，亲统20万大军（号称80万）顺长江水陆并进；东吴周瑜率3万精锐水军，与刘备合军共约5万，溯江迎击曹军，遇于赤壁（今湖北赤壁市西北，一说为武汉江夏区西南赤矶山）。曹军强大的步骑兵面对大江，无能为力，而新收编的刘表荆州水师战斗力较差，又逢疾疫流行，以致初战失利。曹军退至北岸，屯兵乌林（今湖北洪湖境），与孙刘联军隔江对峙。

在夏口附近的江面上，周瑜指挥的联军战船风帆高挂，旌旗猎猎，颇有气势。战船阵势中最引人瞩目的是周瑜的都督帅船。这是一艘体型庞大的楼船，船上起楼，可居高临下观察瞭望整个战阵，亦能以大欺小攻击敌船。楼船甲板之上一般有三层，每层都有女墙，用于防御，墙上设有雉堞，开有箭孔和矛穴。它能载兵800余人，攻防能力都很强，宛如水上城堡。

汉代楼船模型

双方水军中的主力战舰是"斗舰"。外形与楼船相似，但甲板上只设一层楼，是一种专门用于进攻的主战舰船。其特点是船体坚实，采用"上下重板"；防护严密，"四方施板以御矢石"。

如果说楼船在水军中的地位相当于今天的航母，斗舰相当于巡洋舰，那么，"艨冲"便是驱逐舰，它船体狭长、速度较快，担当水战先锋、临阵冲突的重任。此外，联军和曹军船队中还有速度较快的小型战

汉代斗舰模型

汉代艨冲模型

船"走舸",用于侦察的"斥候",用于快速机动、追击敌船的"先登""赤马",用于巡逻哨探的轻便"游艇"（二百斛以下称艇）……联军虽然在兵力总数上不及曹军,但在战船综合作战能力上,联军却拥有优势。

曹军以北方籍士兵为主,在风浪颠簸的战船上很不适应,曹操便下令将战船首尾相连,在相对平稳的战船上演练水战,待机发起进攻。周瑜与部将商议对策,大将黄盖进言道:"曹操将舰船相连,这正是我们进行火攻的天赐良机。"

黄盖火攻的建议得到赞许。但如何接近曹军呢?周瑜眉头一皱,计上心来:"诈降!"

为了骗取曹操信任,黄盖自愿吃了一场皮肉之苦,随后遣人送"降书"给曹操。黄盖带数十艘舰船驶向曹水军营,前面10艘满载浸透獾油的薪草,以布遮掩。诈降船队插着与曹操约定的旗号,顺东南风快速靠近曹水军大营,戒备松懈的曹军都争相观看黄盖来降。黄盖下令点燃薪草,人员各自换乘小艇退走。火船乘风闯入曹军船阵。曹军士卒被突如其来的"火龙"吓得四散逃命。火龙挨到哪条船,那船便马上也变为火龙。不一会儿,整个江岸都燃烧起来,变成了一片火海。曹军士卒们不是被烧死,便是溺水身亡。联军乘势攻击,曹军伤亡惨重。此战之后,三国鼎立的格局基本形成。

与同期的欧洲相比,中国汉代的造船技术处于领先地位。据考古发现,汉代已经使用铁钉钉合木板船,1959年在长沙西汉墓出土了有钉眼痕迹的榫接木船。1975年在广州发现一处巨大的秦汉时期造船工场遗址,发掘出铁钉等实物。根据该遗址上船台滑板规模和其他材料推测,所造舰船宽5～8米,长约20米,载重500～600斛(20～30吨)。

至迟在东汉,行船的基本设施——桨、橹、舵、帆、桅、碇等,都已经完备。帆船的文字记载,最早见于三国时期吴国丹阳太守万震所撰的《南州异物志》。汉代造船者掌握了以风力作为航行动力的技术,发明了硬帆。这种以竹竿维布的篷帆,重量大,起落迅捷,用一个滑轮便可快速升帆、落帆,而且成本低,操作灵活,适合近海和江河航行,缺点是帆的面积有限,航速较慢,承载能力较小。中国使用硬帆比欧洲早了上千年。而欧洲长期沿用软帆,优点是面积大,桅杆高,吃风大,适宜跨洋远航,但操作复杂,需要大量船员,升帆时间长,收帆时需多人费力将其卷起,绑扎在横桁上,风大浪大时必须砍桅以保证船的安全。三国时期,水军装备了多桅多帆战船,有3帆、4帆以至7帆的,可根据风向随时调整张帆的角度。

再如舵,早期船无舵,只是靠船尾的两侧桨手专门控制航向,称"舵桨"。后来,舵桨位置逐渐固定于船尾,且增扩了桨叶,成为专门控制航向的舵。舵的使用使船在航行中更加灵活,提高了战船的机动性。中国出现舵的时间比欧洲也早了1000多年。又如碇,汉代碇横杆与两个钩爪所构成的平面相垂直,无论怎样抛下,都有一个木钩抓住海底。橹也是古代中国人的发明。它由长桨演变而成。桨是一下一下地

汉代多桅多帆战船模型

划,橹则是连续不断地摇,产生持续的推力,而且省力。

三国两晋南北朝时期,内河水战的主要战场在长江中游和洞庭湖、鄱阳湖地区。宽阔的长江水道和两湖水域,促进了战船的大型化和水战规模的扩大。例如,西晋为备战灭吴,大将王濬在益州(今四川)督造一种双体战船"连舫",《晋书·王濬传》记载:"方百二十步,受二千余人。以木为城,起楼橹,开四出门,其上皆得驰马来往。"

隋文帝统一北方后,为准备渡江灭陈,在沿江的益州、信州、襄州、荆州等地设场造舰。《隋书·杨素传》记载,隋开皇五年(公元585年),文帝以清河公杨素为信州总管,经略长江上游,在永安(今奉节)监造大型战舰,"名为五牙,上起楼五层,高百

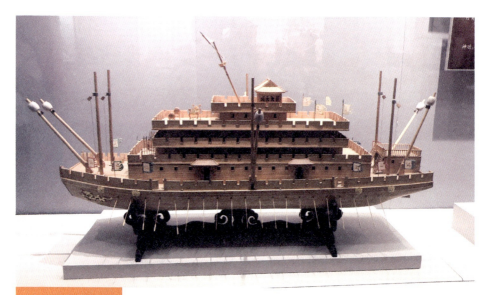

隋代的五牙船模型

余尺……容战士八百人，旗帜加于上。次曰黄龙，置兵百人。"五牙船即五层楼船。其时，船用战具也有了新的发展，最重要的是接舷战利器——拍竿。拍竿出现于东晋，盛行于南北朝。拍竿由四个部分组成：一是立柱，竖装于船体之上，状如大桅；二是横竿，横装于立柱顶端；三是巨石，装于横竿前端；四是绞盘，即辘轳，与横竿尾端相连。它利用杠杆原理，接舷后将巨石移至敌船上空，利用巨石自重砸击敌船。由于拍竿形体巨大，都装在大型战舰上，隋朝五牙船甲板的左右前后配置 6 具拍竿，竿高 50 尺（约 16.7 米）。拍竿堪称当时水战利器，作战时，将巨石用辘轳升上竿顶，释放巨石，利用下落的巨石砸碎靠近战舰的敌方船只。此巨石可以反复使用，一旦靠近敌船，能够很快将其击毁。

据国内船舶史学家研究，隋代五牙船长 54.6 米，水线长 50 米，船宽 15 米，吃水 2.2 米。采用 5 层结构,高29.5米。下面4层置兵,最上面一层为瞭望与指挥台。两舷设有40把长桨(每舷20把),船尾有2把摇橹,供多名橹手合力摇动以控制行进方向。战船甲板和战棚上设置有女墙,可隐半身。女墙上设有垛口,供射箭用。船上设有横舱壁,在横舱壁上设置纵向梁木,上面铺设木板。木板之上设置船舱和作战平台,木板之下填土石,以保持船的稳定。

公元588年,隋文帝杨坚在攻灭江南陈朝、统一南北的战争中,出动水陆军51.8万,各型战舰数千艘,发起中国历史上一次规模巨大的渡江作战。行军元帅杨素率领水军顺长江东下,大小战船铺满了整个江面,旌旗盔甲在阳光下鲜艳耀眼。隋军的水师、步兵相配合,先击破陈军江岸据点,再以水师战船接舷战,大型战舰及配备的重型拍竿在作战中显示了威力。在荆门延洲(今湖北枝江附近长江中)两军的水师决战中,杨素派遣习水性、善驾舟的士卒千余人,分乘4艘五牙船,率先冲向陈军水阵。五牙船高大威猛,迫近陈军战船,拍竿巨石从上方落下,将敌船砸烂。须臾之间,隋军用拍竿击沉敌船十余艘,大破陈军吕忠肃部,俘2000余人。此一战,隋军所向披靡,陈军闻风丧胆。不久,隋军直取陈朝国都建康(今南京),灭掉偏安江南的陈王朝,结束了自东晋十六国以来270余年南北长期分裂的局面,中国复归统一。

东晋时出现了"指南舟",这是世界上最早运用指南针导航的记录。指南针用于航海,使晋代的航海业相当发达。风帆推进、尾舵操纵航向、指南针导

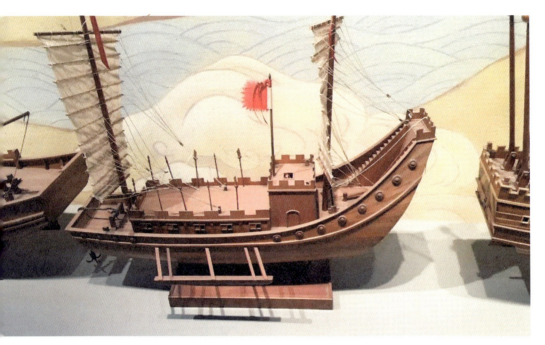

唐代海鹘船模型

航，是舰船远洋航行的三大条件。中国发明的尾舵和指南针西传后，欧洲的木帆船才得以开始真正的远洋航行。

到唐、宋，中国造船技术有了很大发展。唐代兵书《太白阴经》《通典·战典》记载了六种战船，即楼船、艨冲、斗舰、走舸、游艇和海鹘，前五种汉魏时期就有，到唐代更趋成熟。新增的"海鹘"，是六种战船中唯一能够用于海上作战的战船。它是模仿海鸟而创制的海船，头低尾高、前大后小，两舷置浮板形如鹘翼，能止波减摇，不易侧倾，稳定性好，适宜海上航行。

这个时期，还出现了一种意义非凡的战船——车船。据《旧唐书·李皋传》记载，唐代李皋曾制作轮桨船，即车船。李皋所造的战船"挟二轮蹈之"，航速快。这种船在船舷两侧各安装一个带有叶片的转轮，中间以轴相连，轴上装踏脚板，水手用力踩踏，轴轮转动，叶片击水推进。另一种说法是南朝齐人祖冲之发明了"施机自运"的"千里船"，即车船。车船一改行船靠桨靠帆的思路，以人力踏动机械装置，传动至轮桨，击水前进。它将划桨的间歇推进变为连续推进，且不受风浪、风向的限制。这是船舶迈向机械推动的第一步，标志着古代人力推进船舶快速性的最高水平。欧洲出现车船的时间比中国晚了近千年。

宋代车船盛极一时，并大量用于水战。当时以转轮数量为标准将车船分为不同级别，一组两个转

唐代古船模型

轮为"一车",有双车、四车、五车直至二十四车等大小车船,双车船和四车船是常用的中小型作战车船。许多车船轮、桨并用,在内河湖泊中可以完全不靠风帆达到很高航速。宋代最大的车船,出现于洞庭湖水战中。公元1130年,杨幺起义军于洞庭湖与宋朝军队展开了激烈水战,主力战船就是车船,船长达36丈(约合110米),宽4丈1尺,高7丈2尺5寸,用转轮22～24组,容士卒千余人。船上起楼,置拍竿,攻击力极强,而且旁设护车板,以免转轮被碰撞损坏。史料记载,杨幺军的车船"以轮击水,其行如飞","遇官军船近,即倒拍竿击碎之",给官军以沉重打击。

宋代车船

宋代福船

宋代是中国古代战船技术高度发展的时期,不仅内河战船有了新的技术进步,海上战船也逐步趋于成熟。公元1169年,南宋水军统制冯湛综合几种船型之长,制造了一种江河湖海均能使用的多桨船,采用"湖船底""战船盖""海船头尾",长8丈3尺(约合25.5米),配桨42支,载甲士200人。湖船底可以涉浅,战船盖可以迎敌,海船头尾则可以破浪。南宋秦世辅创制的铁壁铧嘴平面海鹘战船,长10丈,宽1丈8尺,船底厚1尺,10橹,水手42人,载士卒108人。新型海鹘大量装备水师,显著增强了宋军水师的战斗力。在宋金战争中,南宋名将李宝率以海鹘为主力的战船120艘,从海路北上,在山东胶县海域打败拥有600余艘战船的金军。宋军以少胜多,战船性能优良起了重要作用。

福建沿海的泉州是宋代造船业的重要基地,宋仁宗嘉祐年间（1056—1063）曾有歌唱道："州南有海浩无疆，每岁造舟通异域"，当时有"海舟以福建为上"的说法。1974年8月，福建泉州湾后渚出土一艘宋代帆船，复原后长34.55米、宽9.9米，满载吃水3米，排水量374.4吨，是一艘方艄、高尾、尖底的福船类型的海船。自龙骨至舷侧有船板14行，由两层或三层船板叠合，以搭接和平接两种方法混合使用，十分坚固，经得起风浪冲击。

该船有13个舱，各舱中间的隔板厚10～12厘米，隔舱板与船壳板用扁铁和钩钉钉连，壳船板由三层薄板叠合而成，隙缝处用桐油灰腻密，具有严密的隔水作用。这种船舱称为水密隔舱，就是用隔舱板把船舱分为互不相通的舱区。根据船的大小，可隔数舱乃至数十舱。最突出的优点是提高船舶的整体抗沉性。由于舱与舱之间严密分开，航行中、特别是远洋航行中，即使有一两个舱区破损进水，水也不会流到其他舱区，全船仍保持有相当的浮力，只要及时对进水舱进行修复与堵漏，就可使船只继续航行。其二是增强船体构造强度，简化工艺。船舶被隔板层层隔断，厚实的隔舱板与船体板紧密钉合，四周密封，隔板横向支撑船舷，取代了加设肋骨的步骤，使造船工艺简化。第三个优点，作为军用运输船，可将货物分舱储放，便于装卸与管理。

这是中国古代造船技艺的一项重大发明，对提高航海安全性起到了革命性的作用。据考古发现，中国最迟在唐代就已经在内河船舶上设置水密隔舱，1960年曾在江苏扬州出土一艘唐代木船，即设置有水密隔

福船的水密隔舱结构

舱，是世界上目前所发现的最早的水密隔舱船。清嘉庆年间蔡永蒹所撰《西山杂志·王尧造舟》记载了唐天宝年间泉州造船的情况："天宝中，王尧于勃泥运来木材为林銮造舟。舟之身长十八丈……银镶舱舷十五格，可贮货品三至四万担之多。"文中所说的"十五格"，即为十五个隔舱。之后，水密隔舱在海船上得到普遍应用，到宋代技术趋于成熟。1982年泉州法石发现的南宋海船，1976年在韩国新安海底发现的元代海船，都采用水密隔舱结构形式，均为8个隔舱区。

凭借先进的水密隔舱设计，以及广泛使用多层船板和独特的榫接钉合工艺，与同时代阿拉伯和欧洲的帆船相比，中国船舶不仅可以做得更大，而且更能经受大洋深处的惊涛骇浪。当时，中国船舶的水密隔舱技术蜚声中外，其他国家的航海者提到中国船舶，无不称赞它的水密隔舱和良好的抗沉性能，而西方船舶直至公元18世纪才有水密隔舱。

公元1795年，英国海军在改造海军舰船时，明确提出引用中国的水密隔舱结构。本瑟姆将军主持设计制造了6艘有水密隔舱的舰船。他在论文中称：新型舰船"有增加强度的隔板，它们可以保护船只，免得进水而沉没"，"正像现在中国人做的一样，一如古代的中国人所实行的"。从此，中国先进的水密隔舱结构，逐渐被欧洲乃至世界各地的造船工艺所吸取，至今仍是船舶设计中重要的结构形式，仍在世界造船与航运业中产生巨大的作用。无论是排水量数万吨、数十万吨的航空母舰、油轮，还是潜入深海的核潜艇，虽然制造材料改为现代化的金属，但其内部仍采用的是水密隔舱结构。

唐宋以来，中国古代航海木帆船主要有四大船型，即沙船、福船、广船、鸟船。

沙船，是中国北方海区航行的主要海船。形制特征为平底、方艏、方艉，船身扁宽而浅，在唐宋时期即成型，由传统的内河平底木帆船发展而来，是中国古代最早的航海船型。长江以北海域，多淤沙和浅滩，吃水深的尖底船极易搁浅倾覆，这种平底船则适宜在水浅多沙滩的航道上航行，也被称为"防沙平底船"，江河湖海皆可航行。沙船的纵向结构采用"扁龙骨"，横向结构采用水密隔舱的工艺，纵横

沙船模型

一体，抗沉性较好。由于吃水过浅，不能作远海航行之用。宋代文献《宋会要辑稿·食货》记载，宋高宗绍兴二十八年（公元1158年），曾在"明州上下浅海去处"造平底海战船——舥鱼船10艘，舥鱼船即属于沙船类。到元代，沙船应用更加广泛，既有载重300石至千石（40～130吨）的中小型沙船，也有载重达八九千石（约合1200吨）的大型沙船。

福船，是福建、浙江沿海一带尖底海船的通称，是明代南海水军的主要战船，因出于福建沿海，故名福船。泉州湾发现的宋代海船就是典型的中型福船。基本结构特点是底尖上阔，底部设单龙骨，尖底、尖头、方艉，利于深海破浪。文献记载，宋高宗绍兴二十八年在明州造平底舥鱼船的同时，还在福建、广南海道深阔处"造尖底海船六只"，用于海上作战。

福船首部高昂，带有强力冲击装置，乘风下压能犁沉敌船，多用船力取胜。当时，福船载重量达到二千斛（合2000石，约260吨），吃水约4米，准备有大发熕炮、佛朗机、碗口铳、喷筒、鸟嘴铳等火器及钩镰、标枪、弓箭等冷兵器，堪称中国古代最佳的远洋战舰。郑和下西洋船队的主要船舶宝船，采用的就是福船船型。《明史·兵志四》记载，大福船"能容百人。底尖上阔，首昂尾高，柁楼三重，帆桅二，傍护以板，上设木女墙及炮床。中为四层，最下实土石，次寝息所，次左右六门，中置水柜，扬帆炊爨皆在是。最上如露台，穴梯而登，傍设翼板，可凭以战。矢石火器皆伏发，可顺风行。"

明代大福船模型

广船模型

广船，因主要在广东沿海地区制造和使用而得名，起源于春秋时期，定型于元明时期。主要特点是头尖体长，上宽下窄，梁拱小，甲板脊弧不高。船体的横向结构用紧密的肋骨与隔舱板构成，纵向强度依靠龙骨维持，横向强度依靠水密隔舱结构。与其他船型相比，广船的风帆宽度更宽，面积最大，更适合于远航。用材特别讲究，船的主梁、横梁等均采用坚硬如铁的铁犁木等珍贵木材。广船首创"多孔舵"，这种舵面积大，舵向好，舵叶上的孔为菱形，在帆船遇到漩涡、急流时，通过舵孔排水，水流经菱形小孔通过，可将涡流对船舶造成的阻力减到最小，使行船操纵方便、灵活。这种广式多孔舵原理，17世纪后传入欧洲，被很多国家效仿。广

第一艘成功跨洋远航的中国木帆船"耆英"号

式木帆船辉煌了2000多年,一直到清代道光年间,广式军船、商船、渔船仍飘帆珠江,保有量上千艘。

历史上最著名的广船为"耆英"号。它三桅三帆,采用硬式重帆,重达9吨。主帆布用竹藤织成,比麻帆布还轻,18道竹撑条将帆套牢在桅杆上。船舱有15个水密隔舱,排水量约800吨。船员包括30名中国人及12名英国水手,船长为英国人凯勒特。1846年12月,"耆英"号从香港出发,经好望角及美国东海岸到达英国,创下中国帆船航海最远纪录。1847年3月绕过好望角时,遇上了一场猛烈的海上飓风,跨越大西洋驶往英国时又遭遇暴风雨袭击,但"耆英"号还是安全抵达目的地,充分显示了中国古代木帆船出类拔萃的优良性能。在伦敦停靠时,英国维多利亚女王等众多达官贵人登船参观这艘开创远航欧洲先河的中国帆船。英国造币厂还特意制作纪念章,隆重纪念"耆英"号的到来。纪念币上刻着这样的铭文:"第一艘跨过好望角并出现在英国水域的中国帆船。船长160英尺,高19英尺,载重300吨,舵7.5吨,主帆9吨,主桅自甲板高85英尺。该船由柚木制造。它于1846年12月6日自香港出发,1848年3月27日抵达英格兰,历时16个月(477天)。"

鸟船,主要在浙江沿海一带使用的海船,因船首

明代鸟船

鸟船"绿眉毛"模型

呈鸟嘴状,加上浙江宁波一带古时有崇拜神鸟的文化,故称鸟船。这种船的船头两侧画有鸟眼,鸟眼上方涂有浓重的绿色眉毛,又得名"绿眉毛"。它发展成熟于明代中期,明代宁绍副总兵何如宾在《兵录》中记载了鸟船的特征:"头小肚澎,身长体直,尾有两边,催橹两枝,有风扬帆,无风摇橹,转折轻便,篷长橹捷,如鸟之飞也。"鸟船不畏风涛,行使便捷,适宜在近海作战,成为明军水师的制式装备,在郑和船队中就有这种船型。"绿眉毛"距今已有800多年的历史,宁波岑家作为制作"绿眉毛"海船的传人,其制作工艺被列入国家非物质文化遗产。根据历史资料和出土文物,浙江古帆船研究制作中心复制成功全比例鸟船"绿眉毛"。该船长31米，宽6.8米，吃水深2.2米，排水量230吨；采用古老的木制舵，舵长11米，宽2.3米；三桅五帆，主桅高24.5米，使用风力满帆航行最高时速达9海里。此型船投入了近海运输，至今仍活跃在宁波海域。

元代至明中期（特别是15世纪上半叶），是中国古代造船技术和航海事业发展的鼎盛阶段，也是远洋战船发展的高峰时期。元朝曾两次出动舰队，大规模跨海出征日本，由于元军未能掌握日本季风规律，两次都遭遇大风暴，远征均以失败告终。但元军庞大的舰队和威力吓人的舰载铁火炮，给日本人留下了难以磨灭的记忆。著名旅行家、摩洛哥人伊本·巴都曾在游记中对所见元代海船有以下描述：大型海船有12帆，船愈小，所张帆愈少，最小的海船也有3道帆。大船可载1000人，其中600人为水手，400人为护勇、弓箭手、铳手等。每艘大船随带3只较小的船，大小相当于大船的1/2、1/3或1/4。一艘大船共有20支桨，一般15人摇一支桨，大的桨需30人方能摇动。

明朝除建造了大量远海战船外，还发展和创制了数十种用于内河、近海作战的特种战船，这里仅择几种主要的进行介绍。

（1）两头船。两头置舵，运转灵活，进退神速，水战中驾此船迅速冲入敌船阵，可收到打乱敌阵的奇效。

（2）鸳鸯桨船。将两艘木船连接到一起，船身两侧各有8桨，舱屋两侧均有箭孔。遇敌后，以箭矢和火器进行攻击。接舷战时,可一分为二,两船从两边夹攻、合围敌舰船,常使敌无所措手足。

(3)子母舟。明军水师装备火药火器后,装备的一种火攻战船。据明代李盘《金汤借箸十二筹》和茅元仪《武备志》记载,母舟长3丈5尺(约合11米),其后部无底板,腹内空虚,藏子舟一只于船后部两舷之间随行。母舟设有桅和帆,配4桨,船首密钉狼牙铁钉,船舱内装满柴草以及火药与引火之物。母舟冲入敌阵后,狼牙钉借冲撞之势钉住敌方战船,同时引发

联环舟前截钉上敌船

火药柴薪，母船与敌船同归于尽，士卒们早已乘子舟凯旋。

（4）联环舟。船体由前后两个部分组成，可分解各自独立行驶。前截的头部有带倒须的大铁钉，后部有两个大铁环。作战时，前截装载燃烧或爆炸火器，后截乘士卒。遇敌船采用冲撞战术，前截船上的倒须铁钉将敌船牢牢钉住，士卒引燃引爆火器，焚烧或炸毁敌船。因冲击作用，联结前后截的铁环自解，后截自成一舟，船员在爆炸前驾舟返回。此战法在水战中屡屡得手，被称为"水战之奇策"。据《武备志》记载，联环舟船体长4丈（约合12.4米），前截约占三分之一，后截约占三分之二。联环舟与子母舟都属自杀性战船，但设计中十分周密地安排了人员逃离的办法，这在世界古代造船史上是绝无仅有的。

驶向远洋的郑和舟师

桨帆战船曾持续了十几个世纪,它们大都船型狭长,底平,吃水浅,靠划桨或顺风使帆行进,主要在近海和内河活动。

公元 1405—1433 年间,波涛汹涌的印度洋上,活跃着一支由威震寰宇、声名远播的庞大舰队。舰队的旗舰——大型宝船,堪称当时世界上吨位最大、武备最强的战舰。《明史·兵志》称:"宝船高大如楼,底尖上阔,可容千人,其首昂而上张,其屋高耸,设楼三重于上。"《明史·郑和传》记载,大型宝船"修四十四丈,广十八丈",即长约 136.8 米,宽约 57 米。设有 9 桅 12 帆,配置起锚绞车和索盘。船体深 12 米,吃水 8 米,排水量约 3000 吨,载重约 7000 吨。船分为上下四层,各层间有登梯衔通。上层两侧列放中型火铳 16 门,中层分列大型火铳 8 门。作为旗舰的大型宝船,最上一层分为舳楼(前舱)、舯楼(中舱)、艉楼(后舱,内有"针房",架有磁罗盘,备有航海图、牵星板、测深砣索等),雕梁画栋,设施完备,堪称一座水上浮动的帅府。同行的还有用途各异的战船、坐船、马船、粮船等。大明王朝钦差总兵太监郑和统率的这支明军舟师,是明朝水军的主力,是中国古代和当时世界上规模最大、战斗力很强的特混舰队。英国学者李约瑟对郑和舰队曾有以下评价:"明代海军在历史上可能比任何亚洲国家都出色,甚至同时代的任何欧洲国家,以致所有欧洲国家联合起来,可以说都无法与明代海军匹敌。"

郑和舟师的旗舰——宝船模型

郑和宝船与同时期的哥伦布的乘船比较

郑和（1371—1435）作为永乐皇帝朱棣的使臣，率领这支强大的舟师，先后七次远航"西洋"。当时所称的西洋，是以明朝为世界中心，以婆罗洲文莱为界，泛指苏门答腊岛以西的广大海域，即北印度洋及其沿海地区。郑和舟师先后四次横渡印度洋，到达东南亚、南亚、孟加拉湾、波斯湾、亚丁湾、阿拉伯海沿岸，最远达非洲东岸的肯尼亚蒙巴萨，《明史·郑和传》记载共有36个国家和地区，最远航程6000海里以上，确实是中国水军史和世界航海史上的空前壮举。

郑和第一次下西洋，受命于永乐三年（公元1405年），从苏州刘家港（今江苏太仓东浏河镇）启航，共有各型海船208艘，仅大中型宝船就有62艘，舰队官兵多达27000余人。这是战船、兵力最多的一次。到达的地方有占城（今越南中南部）、暹罗（今泰国）、爪哇（今印度尼西亚爪哇岛）、苏门答剌（今印度尼西亚苏门答腊岛）、满剌加（今马来西亚马六甲）、锡兰山（今斯里兰卡）、古里（今印度科泽科德）等地。航程最远的是第四次下西洋，出海时间为1414年冬，相继抵达占城、爪哇、满剌加、锡兰、溜山（今马尔代夫群岛）、剌撒（今民主也门境内）、木骨都束（今索马里摩加迪沙）、麻林（今肯尼亚境内）。这是一次驶越印度洋的远航，开辟了从亚洲到非洲的海上航线，是世界上有史记载的第一次跨洋航行，比哥伦布由欧洲到美洲、跨越大西洋的远航早了78年。

郑和及其助手曾亲自撰文称，"自永乐三年奉使

郑和船队在锡兰人、爪哇人、马尔代夫群岛人、也门人汇集的卡利卡特港

西洋,迄今七次,所历三十余国,涉沧溟十万余里",在"洪涛接天,巨浪如山"的汪洋大海上,"而我之云帆高张,昼夜呈驰,涉波犯澜,若历通衢者"。这些文字见于公元 1431 年刻制的《天妃之神灵应记》。

这幅蔚为壮观的画卷,是人类征服海洋的伟大壮举,充分显示了中华民族英勇无畏的探索精神,展现了中国古代海军无与伦比的历史辉煌。而这一切,都是以当时中国领先于世的造船、航海技术和水战兵器为基础的。

早在 2000 多前的汉代，中国水师即开始使用多桅多帆的战船，并发明了一种平衡纵帆，使船能够逆风航行：在逆风航向上，把帆张得与风向成一定角度，抢风行驶一段时间后，将船移到另一舷侧受风，如此交替抢风行驶，使做"之"字形运动，曲折前进。汉代还首创"平衡舵"，用于操纵航向，转舵时省力，而且效能良好。后来，中国人又发明了指南针，唐宋时期用于航海，战船可在茫茫大海中全天候航行。这样，到公元 10 世纪之前，木帆船远洋航行的三个必备条件——用风帆（顺风、侧风、逆风均能使用）推进，用尾舵操纵航向，用指南针导航，均已具备，中国海军（古代称水师、舟师）率先装备风帆战船，进入远洋航海、作战的时代。

到了明代，中国的造船业和航海业进入鼎盛时期。南京的龙江船厂，占地 8100 亩，组织严密，工种齐全，"盖古所未有"的"宝船"就出于该厂。永乐元年至十七年，全国各船厂造海船达 2735 艘。

郑和统帅的舟师，火器已成为主要武器。每艘战船上有手铳筒 16 个，火枪 20 支，碗口铳 4 门，蒺藜炮 10 个，神机箭 20 支，火攻箭 20 支……

郑和舟师七下西洋的过程中，曾有三次较大的作战行动，第一次战役是首次下西洋时发生的旧港之战。旧港位于今苏门答腊东南部，扼守海峡，自古以来就是商船来往必经之地。永乐四年，郑和舟师返航时停泊在旧港，遭到当地海盗陈祖义武装船队的偷袭。早有准备的郑和指挥将士们在旧港海面与海盗展开了一场大规模海战，大获全胜。《明实录》这样记载:"和出兵与战,祖义大败,杀贼党五千余人,烧贼舡10艘,获其7艘,及铜伪印二颗,生擒祖义等三人。"

在第二次、第四次下西洋时,又相继进行了锡兰山之战和苏门答剌之战。作战都是在异国进行的,敌众我寡,条件诸多不利,但郑和舟师每战都获全胜。除郑和等将领的正确指挥、官兵们的英勇善战之外,这支舰队的合理编成和先进的武器装备也至关重要。郑和庞大船队出使西洋各国,采用的是军事组织形

中华世纪坛里的郑和下西洋浮雕

式，人员的 99% 为军官和士兵。郑和也是一身二任，既是以"正使太监"名义率使团出访的外交官，又是领掌兵权的"钦差总兵太监"。他统帅的 2 万多名官兵，既有能海上作战的舟师，又有能登陆作战的两栖部队（3000 人以上），还有专司使团近卫安全和炫耀大明威严的仪仗队，形成一个组织严密的战斗整体，顺利完成了航海、军事、外交、贸易等各项任务。永乐七年十二月，郑和统帅的舟师与多次强横冒犯的锡兰山国王军队发生冲突。郑和指挥舟师攻克锡兰山都城，生擒国王阿烈苦耐儿及其王妃等，迫使锡兰山军队向明军投降。在第七次下西洋回航途中，七下西洋的统帅郑和于 1433 年 3 月病逝于古里（今苏门答腊岛上），遗职由其主要助手"正使太监"王景弘接替，率领舟师安全返航。

郑和，是中国和世界航海史上的巨人。他所创造的光辉业绩和当年中华民族为这一业绩所提供的物质基础，将永远彪炳史册。1998 年，美国国家地理杂志评选过去 1000 年世界上最有影响力的探险家，郑和是唯一入选的东方人。但这次人类文明史上的第一次大规模航行，并没有带来近代意义上的地理大发现。15 世纪中叶之后，明朝政府采用闭关锁国政策，实行"海禁"，致使中国航海和造船业趋于停滞。

地中海桨帆战船与海战

环顾世界，古代战船与海战最早、留存记录最多的是地中海周边地区。

在人类早期海战史上，古地中海文明留下了闪光的足迹——从最原始的"腓尼基平底船"，到后来有撞角的"盖利战船"，再到后来古希腊、古罗马建造的"三层桨战船""五层桨战船"，它们都属古代桨帆战船。在古埃及一座寺院里的浮雕上，有一艘帆船的图形，是世界上最早的桨帆海船。浮雕记述的是公元前15世纪的一个故事：埃及女王哈特什普苏特派船队征讨地中海西北岸地区，取得了胜利。

濒临地中海的希腊，是西方文明最早的发祥地和摇篮。在公元前13—前12世纪，地中海地区已经出现海船和海战。早期战船的航速较慢，不足以撞击敌船，海战样式与陆战相差不大，以接舷搏杀为主。当舰只距离较远时，双方的弓箭手互射箭矢；距离较近时，标枪手投掷标枪。公元前8世纪出现的"盖利"战船，两侧各有25支桨，航速显著提高，能够以撞角撞毁敌船。公元前6世纪，希腊人制造出性能更优的三层桨座战船，典型三层桨座战船长约40米，宽5～6米，吃水1米多，排水量约200吨，船上备有辅助风帆。战船每边有三排桨，一个划桨手控制一支桨，配桨170～174支，桨长4～4.2米。船员包括：船长1人，弓箭手4人，标枪手14人，水手25人，还有风帆手，舵手等，加上桨手船上有200余人。桨手奋力划桨，船速可达7节（1节为1海里/小时），

古希腊的三层桨战船

顺风时使帆，航速更快。以 7.5 节连续航行 184 海里。

三层桨战船源自腓尼基的单层桨战船。随着造船技术的提高，船也越来越大，于是桨手就分成上下两层甚至三层，以容纳更多的桨手给战船提供更大的动力。公元前 7—前 4 世纪，快速、敏捷的三层桨战船称雄于地中海，是古希腊、腓尼基和古罗马海军的主力战船。

三层桨战船的出现和广泛使用，为海战带来了一次技术革命。这种船的主要武器是船首水线下用青铜包裹、长达 3 米的撞角，形状酷似大象的鼻子。甲板上的士兵则装备弓箭、矛、枪等冷兵器。当战舰需要攻击敌船时，会收起简易风帆，靠桨手的划行全速前进，其速度远超以往任何一款古代战舰。高航速和数十吨的船重产生的动能，集中于船头的金属撞角，足以对敌方的木制战船造成巨大损伤，被撞击的船会很快漏水而失去战斗力。除去撞击之外，三层桨战船还有一种战术：在非常近距离的情况下从对方舰只的侧舷掠过，锋利的船首会像剃刀一样将对方舷外的桨全剃掉，没有了桨，敌方舰只自然也就失去了战斗力。

在有详细文字记载的第一次大规模海战——希腊与波斯的萨拉米斯海战中，三层桨战船发挥了至关重要的作用。

在伊朗高原崛起的波斯帝国，不断对外扩张，到公元前 6 世纪，波斯帝国的势力范围已经抵达地中海和爱琴海。国王大流士一世骄横地自称为"全部大陆的君主"。公元前 480 年，波斯新国王薛西斯集结约 10 万陆军和装备 1000 余艘战船的舰队，渡过赫勒斯滂海峡，从陆上和海上对希腊大举进攻。

主要的决战在海上。与强大的波斯帝国相比，以雅典和斯巴达为首的希腊城邦国小力弱，但海上武装力量却有独特优势。希腊联军舰队有近 400 艘战船，其中约 350 艘为当时性能最佳的三层桨战船。波斯舰队虽然庞大，但装备的多是按照跳帮战术设计的旧式战船，速度慢且不灵活。尤为重要的是，希腊有一位卓越的军事统帅地米斯托克利，根据他的提议，在战前新建了 100 多艘三层桨战船，并把比雷埃夫斯港扩建成坚固的军港。地米斯托克利把希腊舰队主力集中于萨拉米斯湾，并派出一个双重间谍给狂妄自大的薛西斯送去一个"情报"，谎称希腊舰队正在计划逃遁。薛西斯得到这个消息，立即派出几百艘战船，团团围住了萨拉米斯海峡的出口，并追击佯装撤逃的希腊舰队。波斯舰队被引诱进狭窄的海峡，这里是希腊人预设的战场，数量、体量占优势的波斯舰队无法展开雄伟的阵势。

萨拉米斯海战

战斗打响了，希腊舰队先是佯装逃跑，等追击的波斯战船进入狭窄海域，便调头向对方发起冲击，杀了个"回马枪"。分坐在三层甲板上的桨手们奋力划动长桨，超过 7 节的航速给予战船撞角以巨大的冲撞力。坚固、灵巧、快速的希腊战船左突右撞，锐不可当。先用船头的包铜横杆划断对方大型战船的长桨，再用镶有铜套的舰首冲撞对方战舰的腹部，波斯舰队阵势大乱，被撞沉了一艘又一艘。希腊战船上的弓箭手万箭齐发，波斯水手和陆战队员伤亡惨重。随船的波斯陆战队员一直盼着双方的船能够交缠在一起，通过接舷在甲板上进行格斗取胜。但是，希腊战船的速度太快了，坚硬的撞角犹如利剑，使波斯人胆战心惊。体大笨重、运转不灵的波斯战船，前进不得，后退无路，自相碰撞，乱作一团。经过一天激战，希腊舰队以损失战船 40 余艘的代价，击沉敌战船 200 余艘，俘获50余艘，遭重创的波斯舰队被迫撤退。此战一举扭转了整个希波战争的战局，波斯陆军因海上运输线被切断而陷入绝境，希腊联军夺得了整个战争的主动权。萨拉米斯海战是世界海战史上以少胜多、以弱胜强的典型战例。这次海战之后，波斯人再也没有能力进犯希腊，波斯帝国走向衰落，希腊文明进入黄金时代。过了大约100年，希腊人在亚历山大大帝的领导下，征服并占领了已经一蹶不振的波斯帝国，三层桨战船在地中海所向披靡。

古希腊三层桨战船

风帆战船时代的海洋争霸

15世纪,欧洲的舰船制造技术有了飞跃性进步:持续上千年的一叶风帆单桅船,发展成装满帆的三桅船,船上有3根桅杆,船首还有一根斜桅,有5片或更多的船帆,方帆与三角帆并用,能利用各个方向的风。中国的指南针于12世纪末经阿拉伯传入欧洲,被广泛应用于航海,水手们凭借指南针(罗盘)可在各种气候条件下找到较为准确的方向。原先仅活动于近海、内海的欧洲人,制造出一艘艘能够对付大西洋上狂风巨浪的风帆战船。早期的船帆是不能转动的,只有在顺风航行时才能使用。后来发明了方向可转动的船帆,通过调整帆的角度,并与舵配合,巧驶八面风,将船驶向目的地。

巧驶八面风的风帆战船

跨越大西洋的"桑塔·玛利亚"号风帆船

  1442年8月3日,克里斯托弗·哥伦布在西班牙女王的资助下,以海军上将的身份,率一支由3艘风帆船组成的船队,从巴罗斯港出发,开始了寻找新大陆的远洋航行。他乘坐的旗舰称"桑塔·玛利亚"号。该船体长约24米,最大宽度约8米,装有大小火炮18门。首斜桅、前桅、主桅共挂4面横帆,后桅上挂有1面三角帆。

  经过两个多月的艰苦航行,哥伦布完成了跨越大西洋的壮举,于10月12日看到了陆地——巴哈马群岛,而后在古巴登陆,抵达美洲。哥伦布一行不仅为西班牙带回了大量的黄金,还有一个令人心醉的"黄金国"传说:在新大陆,有一位镀金人统治着一个富有黄金和宝石的国家。每天早晨,他都用细小的金粒擦身,傍晚再将金粒洗去,这些金粒沉落在一个圣湖的水中……

  于是,在"求金欲"的驱使下,掀起了一个世界性走向海洋的狂潮，西班牙、葡萄牙成为最早的殖民大国。由于西班牙有一支实力强大的"无敌舰队"，在竞争中占了上风。16世纪初的战船，与以前的战船相比，战斗力大为增强，主要是因为船上装有威力足够大的重炮，能够一炮击毁敌船。第一艘装重炮的船为"玛丽玫瑰"（Mary Rose）号，建造于1513年。拥有100多艘军舰、3000余门大炮的"无敌舰队"，保护着西班牙的海上交通线，美洲的黄金、中国的丝绸、东南亚的香料等珍

"玛丽玫瑰"号风帆战船

品，源源不断地涌进西班牙。1545—1560年间，西班牙舰船每年运回国内的黄金为5500千克，白银为24.6万千克。据有关资料，当时世界贵重金属开采量的83%为西班牙所得。

财大气粗的西班牙人作为海上"霸王"，神气了近一个世纪，他们的"无敌舰队"世界无敌。为炫耀富有和威力，西班牙许多战船的船体上装饰着黄金。西班牙的贵族统治者认定，只要有舰队保护商船，就可以靠贸易、靠掠夺而财源滚滚，却未考虑将财富转化为资本。

到了16世纪后期，英吉利海峡对岸的英国人向西班牙的海上霸权提出了挑战。英国靠发展工业起

家，恃先进的工业技术，在舰船的设计制造上领先于世，建造出一批装有舷侧炮的新式战舰。英国海军的作战方式也发生了重大变化，摒弃了甲板格斗战术，以远程炮战为主。英国军舰发射17磅球形弹丸的舷侧炮，射程可达1.25英里（2011.6米）。

在伊丽莎白女王执政的时代，英国加快了海军建设的步伐，并向西班牙的海上霸权地位提出挑战。1587年4月，由德雷克率领的23艘英国战舰，突然袭击西班牙加的斯港，击毁西班牙战舰18艘。这一仗，装有远射舷炮的英国战舰只是小试身手。战果显示，那些自以为了不起的西班牙桨帆战舰，已经远远不是英国新型战舰的对手了。

西班牙岂能容忍英国的挑衅？国王腓力二世决心给英国以致命性打击。1588年夏，由梅迪纳·西多尼亚公爵指挥的"无敌舰队"主力集中于英吉利海峡，共有130艘战舰，配装1100余门火炮，士兵有27000人，其中1/2以上为待机跳帮作战的步兵。英国海军由霍华德勋爵统帅，拥有197艘战舰、2000门火炮和16000人。在英国战舰上，只有划桨手和火炮手，找不到一个步兵。

国王腓力二世虽然知道英国人打算凭仗火炮进行海战，但他仍热衷于几十年来一贯采用的跳帮肉搏战术，明确命令"无敌舰队"的官兵："钩住敌舰，攀上敌舰，与敌人肉搏！"

两支舰队相遇后，在机动性和射程方面处于优势的英国舰队，利用有利的风向，悄悄绕到距敌舰队较远的地方，在西班牙舰炮射程之外摆开了一字形阵势。

乘坐大帆船的西班牙人，根本没把船小、人少的英国海军放在眼里。他们一心想靠近英舰，依靠兵力优势取胜。

"开炮！"随着霍华德上将的一声令下，英舰上的舷炮发出了怒吼，密集的西班牙舰队立即陷入一片火海之中。经几日激战，几十艘西班牙战舰葬身于英吉利海峡。

溃不成军的"无敌舰队"被迫撤逃，英舰在后面

英国"维多利亚"号风帆战船，木质船体，三层甲板，配备102门火炮

紧追不舍，并摆出想要发起攻击的架势。实际上，此时英舰的弹药已经用完，他们已发射了10万枚炮弹。但是，吃尽远程炮苦头的西军并不明对方底细，不敢从近海返航，而由英伦三岛的西北方向踏上逃遁西班牙的遥远路程。大西洋上的风暴似乎也专门同西班牙人过不去，又有20余艘战舰途中沉入海底。当这支曾天下无敌的舰队驶抵西班牙港口时，其七零八落、千疮百孔的狼狈状，令前来迎接的国王腓力二世痛不欲生。

英吉利海峡之战，是历史上第一次在风帆战舰间发生的大交战，也是首次单凭火炮制胜的海战，英国取胜的秘密在于强大的舷炮火力，标志着海战战术的一个转折点。此后，在海洋上结束了肉搏式的战斗，作战双方都在相距一二百米或几百米处用火炮互相轰击。

"无敌舰队"的惨败，标志着西班牙开始走向衰落，一个新的海上霸主——大英帝国乘势崛起。此后，"米"字旗伴随英国军舰飘扬在世界各地。凭借坚船利炮，"日不落帝国"称霸世界300余年。

英国最后一艘木制三层甲板帆船"维多利亚"号于1859年下水，但随着钢板船的引进，这艘船很快就过时了。

创世纪之火——
火药与古代火器

火，照亮了人类进化的途程；火药，加快了人类文明的步伐。似乎是天意，炼丹家们虽然注定制不成"不死之药"，但他们不懈的努力，却奇迹般点燃了人类新世纪的火种，成就了文明史上功德无量的伟业。火药与兵器的联姻，创生出一代代高强度、大威力的新式武器，于是，战争的破坏力和惨烈度便陡然上升。这使善良的人们悲哀，因为，人类将聪明与才智，用在制造更先进的自相杀戮的武器上，就像把匕首对准自己的胸膛。令人欣慰的是，越来越多的人清醒地认识到，无论多么先进的武器，都无法从根本上征服任何民族或国家，和平与发展已成为人类永恒的追求。

火药的发明与军事应用

公元 10 世纪后期,是人类战争史上一个重要的转折时期。中国的军事家和统兵将领,在炼丹家们曾经使用过的火药配方的基础上,配制成最初的军用火药并制成火药武器用于作战,开创了人类战争史上火器与冷兵器并用的时代。

火药兵器与金属冷兵器有着截然不同的特性,它能燃烧、爆炸、发射,在一瞬间达成功效。火药是人类掌握的第一种爆炸物,对于世界文明进程起了重大作用。其实,"火"与"药"本不相干,是古代炼丹家们对"长生不老"的孜孜追求,孕育了火药。

在中国古代,火药的主要成分硫磺和硝石都是药物。人们从自然界火山爆发或一些温泉里,发现了硫和硫的化合物,逐渐对硫有了认识,公元前 125 年左右问世的《淮南子》中就有关于硫磺可治病的记载。秦汉时期编写的《神农本草经》,把硫磺列为 120 种中品药的第二种,并发现它能"化金、银、铜、铁等物"。

硝在古书中又称苦硝、火硝、焰硝、硝石等,《神农本草经》将硝石列为 120 种上品药的第 6 种。典籍上这样描述其药物特性:"硝石,苦寒,主五脏积热,除邪气",炼成仙丹,长久服用,可体轻神爽,如神仙一般。

在火药发明的过程中,炼丹家的作用特别重要。秦始皇、汉武帝雄才大略,但也相信服用仙丹能长生不死。炼丹道士们虽然没能为秦皇汉武炼成长生之药,但在无意中从事了硝石、硫磺、木炭混合加热后的易燃易爆试验。古代火药的主要成分硝石和硫磺,以及硫磺的砷化物,都是炼丹术中常用的药物。在西汉末东汉初的炼丹书《三十六水法》中,有名为"硫磺水""雄黄水""雌黄水"的丹方,用硝石与硫磺和雄黄在竹筒中以水法共炼。

从两晋到唐末,是古代炼丹术的盛行期。炼丹家们为寻找和制作"长生药",将硝石和硫磺等按不同比例混合后,加热炼制"仙丹"。东晋炼丹家葛洪(283—343)在其著作《抱朴子·内篇》卷11《仙药》中,有以硝石、玄胴肠(猪大肠)、松脂三物炼成混合物氧化砷的记载:"以三物合炼之,白如冰。服之皆令长生,百病除。"经试验证明:当硝石量小时,

道士炼丹图

三物合炼雄黄能得到砒霜及单质砷；当硝石比例足够大时，猛火加热，能发生爆炸。

成书于北宋太平兴国年间的《太平广记》记载这样一个故事：隋朝初年，有个叫杜子春的年轻人，他到深山里拜访一位炼丹道士。道士正在炼制"长生药"，让他晚上守在炉旁。半夜，杜子春梦中惊醒，看到炼丹炉内有"紫烟穿屋上"，顿时屋子燃烧起来。杜子春自言自语道："这是一种能着火的药啊！""着火的药"，简称火药，火药一名由此而来。

大约写于唐肃宗乾元年间的炼丹术文献《诸家神品炼丹法》，托名孙思邈（581—682）所撰的《孙真人丹经》，记载有多种"伏火"的方法，其中一种为"伏火硫磺法"。唐宪宗元和三年（公元808年），炼丹道士清虚子写了一本书，称《太上圣祖金丹秘诀》，记载了用"伏火硫黄法"炼成一种特殊物料的配方：硫二两，硝二两，马兜铃（含碳物质）三钱半。炼丹家们通过长期实践，发现了硝石、硫磺和木炭等混合物的爆炸性能。至迟在公元808年之前，含硝、硫、炭三组分的火药已经在中国诞生，唐代典籍中的这个雏形火药配方，是无可争辩的标志。

但是，火药并没能解决长生不死的问题，又容易着火，炼丹家们对它的兴趣渐失，火药配方由炼丹家转到军事家手中。他们从实战需要出发，大胆利用硝、硫、炭合烧后产生的燃爆作用，制成具有焚烧和杀伤作用的火器，用于作战之中。

北宋时期，燃烧性、爆炸性等初级火器开始用于作战。炼丹家们虽注定制不成"长生之药"，但他们的不懈努力，引发了军事领域一次伟大变革。火药化军事变革从公元10世纪在中国启动，到19世纪后半叶普法战争达到高峰，历经800多年。

"火药"一词，在北宋之前尚未见史籍。直到北宋天圣元年（公元1023年），朝廷在汴梁（今河南开封）设置火药作坊时，火药一词方入史籍。火药作坊的设立，表明北宋的火药火器配制，已经从个体手工业分散操作，发展为大型作坊的流水线作业，进行批量生产的阶段。宋仁宗庆历四年（公元1044年），我国官修第一部包括军事技术在内的百科性兵书《武经总要》（曾公亮、丁度等编纂），记载有"火毬火药方""蒺藜火毬火药方""毒药烟毬火药方"的三个火器的火药配方。这是世界历史上最早冠以火药名称，并直接应用于三种实战兵器，它们被李约瑟博士称为"最古老的配方"。配方中硝的含量偏低，并含有大量其他组分，还是一种初级火药，是近代火药的雏形。当时，这些火药已经有了较成熟的工艺，被大量生产，并广泛应用于军事。

火药火器的发明意义重大。中国古代发明的火药，是用硝石、硫磺、木炭按一定组配比率混合而成的。火药是由硝石（主要成分为硝酸钾）在点火燃烧后释放大量氧气，完成燃烧过程的自供氧燃烧体系，不需空气中的氧气，可在密闭的容器中燃烧。燃烧过程中，氧化和还原反应在瞬间剧烈地进行，释放出化学能及物理能，产生高温高压气体，体积急剧膨胀，将容器胀破并发出巨大声响，产生破坏力。以火药制成兵器（简称火器），将火药的化学能转换为军事能，首次打破了冷兵器时代主要凭人的体能搏杀的对抗格局。

火药的几种成分中，硝石是决定性的物料。因其能溶于水，古代文献中常写为"消石"。在火药燃烧过程中，硝石在摄氏400度开始分解，释放出大量氧气，起着氧化剂的作用。硫（S）和炭（C）因得到氧气而助燃，起着还原剂的作用。火药燃烧不仅产生大量气体、浓烟，还留下黑色残渣，因此被称为"黑火药""有烟火药"。

据《范子计然》记载，春秋时期就有一位名叫计然的人，称"消石（硝石）出陇道"。《史记·扁鹊仓公列传》记载，扁鹊让躁者"饮以消石一剂"，药到病除。马王堆汉墓出土的帛书里，记载《五十二病方》，其第二十二方即为用硝石作为医治疡痈的药剂。汉及以后的多种医学医药典籍中，也记载了硝石的用途。国外曾有火药发明于阿拉伯国家或欧洲的说法，毕生致力于研究中国科学技术史的英国人李约瑟，以翔实史料说明公元13世纪之前阿拉伯和欧洲国家还不知道硝石，做出他们就不可能发明火药的结论。火药之所以在中国被发明，也正是中华先民最早发现硝石的存在和分布，认识硝石的特性并用于医药治病的缘故。

恩格斯对中国古代这一伟大发明给予充分肯定。他在1857年发表的著名论文《炮兵》中指出："现在几乎所有的人都承认，发明火药并用它朝一定方向发射重物的是东方国家……在中国，还在很早的时期就用硝石和其他引火剂混合制成了烟火剂，并把它使用

金军进攻汴梁

在军事上和盛大典礼中。"

公元 10—14 世纪，频繁的战争促进中国火药火器的技术不断发展，宋朝在抗击金军进犯的多次战争中，新装备的火器发挥了重要作用。

公元 12 世纪初叶，崛起于白山黑水间的女真人建金灭辽。金军骑兵大举南下，向北宋发动大规模进攻。北宋朝廷昏庸，军力不足，难以抵抗金军骑兵，都城汴梁（今开封）被金军包围。金军主帅斡离不策马巡视，见汴梁城池防御设施简陋，心中大喜。他一挥马鞭，大声吼道："将士们！一鼓作气，踏平宋城！"

金军攻势凶猛，宋军力渐不支。突然，城上飞下数十个冒烟的火球。火球落地之后，轰然作响，迸发出大团烈焰。金军的云梯等攻城用具被迅速引燃。部分火球落入人群，烧得金兵四散奔逃。这正是宋军的新式武器——火药毬、火药箭在大显神威。守城宋军在李纲的指挥下，使出了置敌于死地的撒手锏。

入夜，金军营帐篝火闪烁。突然，夜空中窜出条条"火龙"，直落金军大营。斡离不迈出营帐，大惊失色。他看到"火龙"从宋城里腾空而起，呼呼作响，飞向自己，落地后迸出火焰，点燃营帐，焚烧战具。有的火球在燃烧时还发出大量毒烟。

原来，这是李纲命士兵推出多人操作的大型抛石机，将火药烟毬、毒药烟毬抛向金营，使金军夜间也不得安宁。斡离不在宋军的新式武器面前一筹莫展，只好撤军。他对副将吩咐："一定要抓到会制造火球的宋人，越快越好！"

8个月后,金军又裹挟着塞北的寒风,兵分两路南下犯宋。此时,李纲已被革职,宋军战备荒废,金军闪电般完成了对宋都汴梁的合围。

金军重点进攻汴梁城东门。双方接战,宋军发现金军的攻势非同以往,最让人惊惧的是,金人也有了火药毯和火药箭。其余各城门也遭到金军猛烈进攻,火药毯飞掷城楼,火药箭射向守军,宋军全线瓦解。国都被金军占领,宋徽宗、宋钦宗及文武百官、皇亲国戚都成了金军的俘虏。斡离不以嘲笑的口吻对宋钦宗说:"能攻下汴梁城,全靠你的臣民发明的火药毯和火药箭呀!"

燃烧性与爆炸性火器

火器家族的第一代元老，主要是利用火药的燃烧性能制造的球状抛掷火器——火毯。加工过程一般是将低熔点树脂类可燃物（松脂、蜂蜡、桐油、清油等）加热溶化，加入捣研细碎的硝、硫等，捣和成球，裹纸五层，壳外涂覆松脂、沥青等助燃和防潮物，并使纸、麻牢固黏结。与传统的火攻烧具薪草油膏等相比，火毯的内填物中，关键是加入了硝石（亦称焰硝），约占48%。硝石是一种氧化剂，主要成分为硝酸钾，加热到334℃即分解，释放出氧气，使纵火可燃物由依赖外部供氧自然燃烧，改进为自供氧燃烧，大大提高了燃烧烈度和纵火效能。同时有约43%的低熔点（低于150℃）可燃物，熔融后可黏附于目标表面较长时间燃烧，纵火效果极佳。后来，有的还在火药里掺杂毒药或发烟物、预制杀伤物。使用时，需用烧红的烙锥穿透点燃火药，然后抛向或射向敌营。早期火毯火药含硝量低，只能燃烧；后来在火药中加大含硝量，即可速燃，还可爆燃；既能用于纵火，又能用于杀伤。火毯体量既有大如斗的，用抛石机抛射；又有小如拳的，用手投掷，还可绑缚箭身用弓射出。此前，抛石机主要抛射石头，被称为"砲"；改为抛射火毯后，便称"火砲"了。

北宋庆历四年（公元1044年）刊印的《武备志》记载了多种燃烧性球形火器，如蒺藜火毯、霹雳火毯、毒药烟毯、烟毯、竹火鹞、铁嘴火鹞、引火毯等。所谓蒺藜火毯，是在火药里团入棘刺杀伤物的球状抛掷火器，其火药组分为：焰硝四十两，硫磺二十两，粗炭末五两，沥青和干漆各二两半，共捣为末。竹茹、麻茹各一两一钱，剪断混入。另用桐油、小油、蜂蜡各二两半熬膏，一起捣和均匀，将三枝六首铁刃团入成球，为便于抛掷，中间穿入一根一丈二尺的麻绳。用纸十二两半、麻十两将球包缠，为防潮，外敷沥青、蜂蜡、黄丹、炭末混合后的熔汁，壳上插进带倒刺的铁蒺藜八个。使用时，先用烧红的烙锥将其点燃，而后用抛石机抛向敌方。可燃物烧完后，剩余的铁蒺藜、三枝六首铁刃还可发挥阻碍、刺伤敌方人马的作用。竹火鹞，则是用竹编成篓状，外糊纸数层，内填火药及小卵石，一端装有干草，点燃后抛石机投向敌军。铁嘴火鹞，以木为身，以铁为嘴，束草为尾，尾内装火药，主要用于焚烧敌方粮草。

霹雳火毬，是用竹管外包火药和碎瓷片、铁片等制成的火毬。火毬燃烧时竹竿爆裂，发出霹雳般响声，同时将可燃物四处飞散。烟毬，是在火药毬外加敷一层易于发烟的黄蒿，点燃后发出浓烟。毒药烟毬，是火毬的一种，重约五斤，内填物不仅有火药组分（焰硝三十两、硫磺十五两、炭末五两），还加入含毒药物乌头、巴豆、狼毒各五两、砒霜二两，捣研细碎、混拌均匀后，用沥青、桐油、小油各二两半将其团合成球，中间贯一根长一丈二尺的麻绳以便于抛掷。球外用纸、麻包裹，并涂上沥青、蜂蜡、黄丹、炭末混合熬成的膏。作战使用时，先用烧红的烙锥引燃，再用砲抛向敌营阵，能产生致敌口鼻出血的浓烈毒烟。

竹火鹞（上左）、铁嘴火鹞（上右）、引火毯（下）模型

爆炸性球形火器的种类也很多，如大蜂巢、群蜂砲、烧贼迷目神火毯等。它们的原理和构造相似，区别主要是形状、大小和内填物。号称"兵船第一火器"的大蜂巢，是在纸、布、麻制成的火毯外壳里，装填速燃火药，掺入用这种火药制成的地鼠、飞燕等小型火器，以及铁蒺藜、毒化河沙等，使用时点燃火药线，引燃爆发后将预制纵火和杀伤元件飞向目标。

形形色色的球形投掷火器，成本低，制作工艺简单，曾在军中大量装备并广泛使用。

蒺藜火毬模型

投掷类初级火器最早用于战争的实例，见于北宋路振所撰《九国志》，书中记载了唐代的一次攻守战：唐昭宗天佑四年（公元904年），被封为吴王的杨行密（852—905）率部围攻豫章（今江西南昌市），部将郑璠用"发机飞火"，烧毁豫章城的龙沙门，带领壮士先登入城。据北宋战略家许洞所著兵书《虎铃经》解释，所谓"发机飞火"，就是利用抛石机抛射火毯。这是中国军事上第一次使用火器的战例。

燃烧性、爆炸性火器的大规模制造和应用是在宋朝。朝廷设置军器监，统管全国军器制造业，许多兵器制造家致力研制新式火器。古籍记载，北宋太祖开宝三年（公元970年），主管兵器制造的兵部令史冯继生，向皇帝进献"火箭制作法"，并当场试验成功；30年后，北宋神卫水军队长唐福，又向皇帝呈献他研制的火毯、火箭、火蒺藜等；咸平三年（公元1000年），冀州团练使石普再向朝廷献火箭、火毯。对各类新研制的火器，朝廷都给予褒奖，宋真宗赵恒还特地接见石普等，亲自观看试验和表演，下旨"沿边造之，以备应用"。

北宋靖康元年（公元1126年），金灭辽后大举攻宋，宋徽宗、宋钦宗弃城南逃，兵部侍郎李纲被任命为尚书右丞，统军20万守卫东京汴梁（今河南开封）。面对攻势猛烈的金军，李纲登城督战，发射新火器霹雳炮，屡挫金军进攻，俘斩数千人，迫使金军退兵。在南宋绍兴三十一年（公元1161年）的采石之战中，前往芜湖督战犒师的中书舍人虞允文，在建康府都统制李显忠不在位的情况下，果断组织宋军

霹雳火毬

1.8万人狙击渡江南进的金军，指挥水军海鳅船猛冲金舟，并施放霹雳炮，金舟大多数被击沉，歼敌4500余人，打退了金帝完颜亮的军队。

在与宋朝的多年战争中，金军知晓了火器之威力，也开始重视火器的研制，并将俘获的宋朝军器工匠为己所用，建立了金朝火器工业。据史料记载，金世宗时，阳曲（今山西太原）北郑村有个名叫铁李的猎手，专门以捕捉狐狸为业。他制造了一种陶质的"火罐砲"，下粗上细，罐内装入火药，在细口上装引信。捕狐时点燃引信，火罐爆炸，所发出的猛烈响声，惊得狐狸慌忙乱跑，都逃进猎人预先设置的网里。大约在13世纪初，金人在陶火罐基础上，研制成功一种金属爆炸性火器，金人称之"震天雷"，宋人叫它"铁火炮（史籍多写为砲）"。

这是一种铁壳爆炸性投掷火器，以生铁铸成弹壳，有罐形、葫芦形、球形、合碗形等不同外形。内装火药，顶有一个小孔，可将药线伸入火药内。临战点燃药线，投掷或发射出去，火药燃烧产生的高压气体使铁壳爆碎，爆炸声如雷贯耳，弹片迸飞，可钻透铁甲。震天雷是宋、元、明时期一种威力较大的火器。

据南宋史料记载，嘉定十四年（公元1221年），金军攻宋蕲州（今湖北蕲春），守将赵诚之率部坚守。当时城中存有弩火药箭七千支、弓火药箭一万支、蒺藜火砲三千支等火器，但威力均不如震天雷。金军围城后，以抛石机向城内大量抛射震天雷。"其形如匏状而口小，用生铁铸成，厚有二寸"，爆炸时"其声大如霹雳""震动城壁"，给宋军以重创。经过25天的围攻，金军占领了蕲州，赵诚之全家及僚佐全部遇难。

《金史·赤盏合喜传》记载，金哀宗开兴元年（公元1232年），蒙古军进攻金朝南京（今河南开封），金军使用震天雷、飞火枪等火器奋勇抗击，激战16昼夜，双方死亡惨重。蒙古军使用一种叫"牛皮洞子"的战车，把攻城部队运送到城下挖掘城墙。城上守军开始用矢石反击，毫无作用。金兵遂将"震天雷"沿城墙用铁索吊下，发火后，"其声如雷，闻百里外"，将蒙古兵和攻城器械"牛皮洞子"炸得"迸碎无迹"。

13世纪七八十年代，元世祖忽必烈两次遣军渡海进攻日本，都使用过震天雷。元至元十一年（公元1274年，日本文永十一年），忽必烈任命忻都为征东元帅府都元帅，率蒙古军、汉军和高丽军约25000人、舰船900艘，自合浦（今马山）启航进攻日本。元军袭占对马岛、壹岐岛，以铁火炮击溃海岸守军，在九州多地登陆，在击败日本10万守军的作战中，铁火炮大显威力。后因联军指挥失当，后援不至，被迫撤退。归途遭遇狂风暴雨，战船损失大半。至元十八年（公元1281年，日本弘安四年），忽必烈派出两路大军14万人、舰船4400艘再攻日本。在进攻壹岐、潋浦时，元军发射震天雷，打败了登陆的日军，并杀死日将少贰资师。后来元军在高岛附近遭遇飓风，大部分战船沉入海底，将士多溺亡或战死，撤回者不足五分之一。日本史将元军第一次攻日之战称为"文永之役"，第二次攻日之战称为"弘安之役"。曾参加过这两次战役的日本镰仓幕府武士竹崎季长，请画师根据他在战场上的亲身见闻，详细描绘了元军使用铁火炮、元军与日军交战的真实画面，于1292年汇集成一本传世画册——《蒙古袭来绘词》。其局部场景展现的是一名元军士兵和一枚呈炸裂状态的"铁火炮"。这枚合碗形铁火炮的下半部还完整，上半部已炸碎，碎片飞起，火焰四射。

《蒙古袭来绘词》局部

据日本学者研究，图中的人物和兵器都是按照实体尺寸的 1/20 比例绘制的。经测算，这枚铁火炮的直径 18～20 厘米，铁壳厚度约 5 毫米，整个铁火炮的重量为 4～10 千克。

明代创制的火器种类繁多，爆炸性火器在铁火炮的基础上又有了地雷、水雷等。

《武备志》第一百三十四卷、焦玉著《火龙神器阵法》，记载了无敌地雷炮、炸炮、自犯炮、太极总炮、石炸炮等十多种地雷的形制和制作方法。这些地雷，外壳多为铁铸，也有将石头凿空、把竹节打通内装火药的。

引爆是地雷的关键技术，明代地雷的引爆方式主要有燃发、拉发、触发、钢轮发火。燃发，是在地雷上安装长药线，穿入竹管埋到地下，敌人接近后由士兵点燃药线引爆地雷；拉发，是在地雷中设置火种，在敌人进入雷区后，由士兵拉动相连的绳索，使火种引燃火药；触发，是在地面设置引线，敌人触动引线即引爆地雷；钢轮发火，是一套机械点火装置，当敌军人马踩到地雷引线后，钢轮转动与燧石摩擦打出火星，引发地雷爆炸。还有一种延时地雷：事先计算好敌军经过的时间，根据盘香燃烧速度，点燃一定长度的盘香，盘香尽，地雷自动爆炸。

明代早期使用的无敌地雷炮是一种燃发地雷，铁壳内装填火药，小型的装三五升，大型的装一斗，有的还在火药中掺杂铁丸、铅丸、毒药等。导火线一般为三根，以增加保险系数。其缺陷是需要有人专门点火引爆，易于暴露。戚继光在镇守蓟州时，发明了钢轮发火的"自犯炮"，关键装置是"自犯钢轮"，采用机械点火技术，是世界最早出现的机械式引爆地雷。"自犯炮"即可单个使用，也可布置成一个威力惊人的地雷阵：把几十个地雷引线连在一条总线上，装在药槽内，接通"自犯钢轮"，几十个地雷同时引爆，"铁块如飞，火焰冲天"。

16世纪中叶，中国军队开始装备一种布设在水中的爆炸性火器——水雷。明万历二十八年（公元1549年），抗倭英雄、兵部郎中唐顺之辑《武编》，记载了世界上最早的人工操纵的拉索引爆水雷，称"水底雷"。它用大木箱作壳，内盛火药，击发引火装置拴在一条长绳子上，用三个铁锚将其维系在岸边水中。岸上守候人员发现敌船接近时，牵动拉火绳索，使击发装置打火引燃火药，水雷爆炸，摧毁敌军舰船。后来，将外壳改用金属打造，出现了一种称为"水底龙王炮"的水雷。据焦玉著《火龙神器阵法》记载，水底龙王炮外壳为熟铁打造，重4～6斤，内装火药1～5升。雷上缚信香引火，香的长短根据漂流至敌舰船的时间而定。为防止火药受潮，雷壳外包裹一层牛脬密封，再用处置过的羊肠引到水面，使空气通到牛脬中，上面用鹅雁翎围护，使火种不会熄灭。使用时，将雷绑缚在木排上，用石头坠入水中，顺流飘向敌船，香烬火发，雷从水底击起，将敌船炸毁。水底龙王炮是世界上最早的以线香为引信的定时引爆的漂浮水雷。此后，兵器研制者对水底龙王炮的发火机构做了改

军事博物馆陈列的水底龙王炮模型

进，宋应星著《天工开物》（1637年初刊）有一种称为"混江龙"的水雷，结构与水底龙王炮相似，但将信香发火改为火石火镰摩擦打火，可靠性大幅度提高。

管形射击火器的发展

在热兵器取代冷兵器的军事变革中，枪和炮是决定性武器。最初枪炮不分，从原理、结构上它们都属于管形射击火器。到了近现代，才按口径区分：20毫米以下为枪，20毫米以上为炮。

在唐朝至北宋时期，军队作战中使用的火器主要是燃烧性和爆炸性火器。到了南宋时期，人们对火药的性能有了进一步的了解，发现火药不仅能燃烧、爆炸，燃烧后产生的气体还有巨大的能量，如果将此能量集中在管形器具内，可制成管形喷火和射击火器。

据现有资料，最早创制管形火器的是南宋军事技术家陈规（1072—1141）。陈规，字元则，密州安丘（今属山东）人，为宋朝中明法科进士，初任安陆县令，曾奉命率兵赴开封勤王，因中途受阻而还。建炎元年（公元1126年）陈规升任德安府（今湖北安陆县）知府。他通晓兵法，尤其精通军事工程，在金朝军队经常南侵、社会动乱不安的年代，陈规为保一方平安，十分重视对守城军队的训练和火器的研制，与制作火器的工匠创制成功一种管形火器。这种火器用大毛竹作枪管，内装火药，从尾后点火，可喷出几丈远的火焰。绍兴二年（公元1132年），一群散兵游勇聚集在李横旗帜下（多为在抗金作战中失败转而为盗的宋军），四处抢夺，袭扰城镇。八月，李横率众攻城，久攻不下，令部下做了一个高3.5丈、阔2丈的木制"天桥"，再次攻城。陈规多方加强迎战措施，运用新发明的长竹竿火枪，组织起一支火枪队，三人操持一杆（一人持枪，一人点放，一人辅助），火枪喷出的烈焰将攻城天桥焚毁，李横大惊失色，仓皇撤逃。

德安城保住了，火枪的威名也传扬四方。守城战胜利所依靠的长竹竿火枪，是世界上最早出现的管形火器，陈规被后人称为"管形火器鼻祖"。陈规在德安府任职期间，乱军9次进犯德安，都被陈规率军民击退。《宋史·陈规传》称："九攻九拒，应敌无穷，十万百万，靡不退却。"据陈规撰写的《守城录·德安守御录》和《宋史》记载：在敌军用大型攻城器械天桥猛攻城垣时，陈规命"六十人持火枪自西门出，焚天桥，以火牛助之，须臾皆尽，横拔砦去"，陈规取得了守城的胜利。"自绍兴以来，文臣镇抚使有威声者，惟规而已。""规功名与诸将等，而位不酬劳，时共惜之。乾道八年，诏刻《规德安守城录》颁天下为诸守将法。立庙德安，赐额贤守，追封忠利侯，后加封智敏。"

南宋末年著名抗金义军首领李全，擅长使用一种两用枪——梨花枪。这种新式武器在长杆枪的前端绑缚一个火药筒，既可作为冷兵器刺杀敌人，又可作为火器烧灼敌人。作战时，通常先点燃火药筒，喷火烧敌，然后再用枪与敌格斗。据《宋史·李全传》称其"二十年梨花枪，天下无敌手"。除了枪，刀、剑、棍、斧等长短兵器都可加装喷筒，明代兵书中记载的神机万胜火龙刀、倒马火蛇神棍等，都是这种冷热结合的火枪。

金军在与宋军作战的过程中，由于占领了开封等

交战中使用梨花枪

许多火药、火器制作中心，留用了大批汉人工匠，很快学会了火器的制作，还创制了另一种单兵使用的管形火器，称"飞火枪"。制作方法是：用经过滞水处理的16层黄纸，卷成一个长约2尺的喷筒，内装火药、铁渣、磁末、砒霜等，将喷筒绑缚在枪刺之后。飞火枪小而轻，便于单兵使用，喷射火焰可达一二丈远。《金史·蒲查官奴传》记载：作战时，"军士各悬小铁罐藏火，临阵烧之，焰出枪前大丈余，药尽而筒不损。"

南宋绍定五年（公元1232年，金天兴二年）正月，3万蒙古军进攻金朝国都南京（今开封），守城军民使用飞火枪等奋勇抗击，激战16昼夜。后在归德战役中，金军主将蒲察官奴率忠孝军450人，编成飞火枪队，每人持飞火枪一支，夜袭蒙军兵营。毫无防备的蒙军从梦中惊醒,一时手足无措。450支飞火枪火焰齐喷,营房一片火海,蒙古军纷纷溃逃,"溺水死者凡三千五百余人",金军"尽焚其栅而还"(见《金史·蒲查官奴传》卷116)。

金军使用的飞火枪,小而轻,便于单兵使用,能独立作战,以喷射火焰为主,喷射完毕后还可用锋利的枪头刺杀敌军,是中国火器史上第一种大批量装备集群士兵作战的单兵火枪,也是最早使用的一种冷热两用兵器。

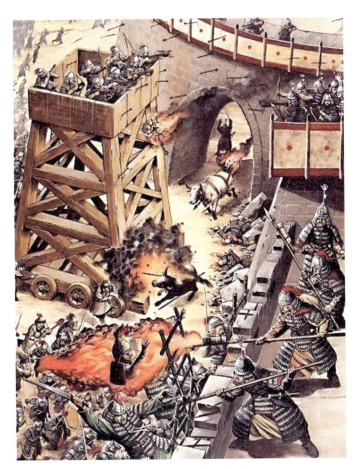

守城金军使用飞火枪抗敌

到南宋末年，火枪有了重大改进。南宋开庆元年（公元1259年），在寿春府（今安徽省寿县）出现一种突火枪。突火枪的发明人至今不详，但《宋史·兵十一·器甲之制》对它的结构和性能却有简要记载："以巨竹为筒，内安子窠，如烧放焰绝，然后子窠发出，如炮声远闻百五十余步。"

寿春府突火枪虽然也用竹作枪管，但它不仅能喷火烧灼目标，而且能发射"子窠"杀伤敌人，子窠材料为铁片、瓷片等。突火枪具备了管形射击火器的三个要素：一是身管（枪筒），二是火药，三是弹丸（子窠，最早的弹丸）。枪筒是装填火药与子窠的必要条件，火药在筒中燃烧产生的气体推力能将具有杀伤力的子窠射出。突火枪是南宋火器研制者的一大创

突火枪

造，从原理上讲，它已近似于现代枪炮，是世界上最早运用射击原理的管形射击火器，堪称枪炮之鼻祖。

世界上最早的金属管形射击火器也出现在中国，初创于公元13世纪末的元朝，是依据南宋火枪的原理制成的。由于金属冶炼技术的进步，中国的火器制作者将火枪的枪管由竹、木改为铜、铁，造出了威力更大，也更加经久耐用的金属管形火器——火铳，亦

称火筒。火铳由前膛、药室和尾部组成。药室用以从铳口向里装填火药；壁上开有一个火门，供穿引药线、点火发射。前膛用来装填大小不等的圆形石弹、铁弹或铅弹。铳型分大、小两类，大型铳称碗口铳或盏口铳，小型铳称手铳，为单兵手持火器。大者后来发展为炮，小者后来发展为枪。与竹制火枪相比，火铳具有使用寿命长、射击速度快、作战威力大等特点，在元军和元末农民起义军中广泛使用。

最近几十年在华北、东北、西北地区发现的几件火铳实物中，有确凿年份、现存最早的为内蒙古自治区上元民族艺术博物馆收藏的元大德二年（公元 1298 年）铜火铳。该铳是 1987 年 7 月内蒙古地质学校原校长李春校在元上都开平府遗址东北一位牧民家发现的，博物馆收藏后命名为"大德二年铜盏口铳"（盏口铳亦称碗口铳），因其铳口与酒盏（或碗口）相似而得名。全长 34.7 厘米，口径 9.3 厘米，壁厚 0.5 厘米，重 6.21 千克。铳身铸有八思巴文"大德二年"等。八思巴文，是由被元世祖忽必烈授予"国师""帝师"尊号的藏人八思巴（公元 1235—1280 年，

元大德二年铜火铳（世界第一炮）

原名罗卓坚赞,"八思巴"藏语意为"圣者")创造的蒙古文字,至元六年(公元1269年)颁行全国,称"蒙古新字",俗称"八思巴文"。至元二十六年到大德八年(公元1289—1304年),在开平、和林附近地区曾发生元军平定西道宗王叛乱的多次作战,战争期间,元廷在上都、和林等地设置的兵器作坊,制造火器装备元军使用,大德二年盏口铳应是元军的遗物。

中国国家博物馆收藏的元至顺三年(公元1332年)铜火铳,是一件中型火铳,被命名为至顺三年盏口铳。铳身全长35.3厘米,口径10.5厘米,尾部口径7.7厘米,全重6.94千克。该铳在目前发现的有铭文的大口径金属管形火器中,制造时间排名第二,比大德二年盏口铳晚34年。铳身上刻有"至顺三年二月吉日,绥边讨寇军,第三百号马山"等铭文。绥边讨寇军是使用者,马山是制造者。从编号可断定,此前同类炮已经大量制造和使用了。结构分前膛、药室和尾銎三个部分。尾銎两侧各有一个方孔,用铁栓穿

元至顺三年铜火铳

过方孔，固定在木架上，起连接固定和耳轴的作用。发射时，可以根据目标的远近，在铳下加垫木块，调整角度。该铳铳口口径较大，形体短粗，铳口中可放一大弹，是当时的重型火器，多安于架上，用于守御隘口。此铳解放前存于北京西南郊的云居寺，被一位文物爱好者收藏，解放后归首都博物馆所有，后又转到中国历史博物馆（今国家博物馆）。

黑龙江阿城、陕西西安、北京通州等地，出土了多件元代小型铜火铳，为单兵使用的手铳。其中时间最早的当属阿城铳，1970年7月发现于黑龙江省阿城县阿什河畔的半拉城子，出土地点距金上京会宁府遗址约4千米。该铳铳身长34厘米，口径2.6厘米，重3.55千克。前膛长17.5厘米，药室呈灯笼罩式隆起，室壁开小孔可通火线。尾銎中空，便于安装木柄。铳上无铭文，只有一个"×"，可称为"叉"的符号。

黑龙江省博物馆研究员（后调黑龙江省社会科学院）魏国忠先生，对实物和元代发生在东北地区的战争做了深入考证研究，认为阿城铳是元世祖忽必烈率大军平定蒙古贵族乃颜、哈定部叛乱作战时的遗物。《元史·李庭传》有至元二十四年至二十七年（公元1287—1290年）平定乃颜、哈定之战的记载。在至元二十四年辽河附近撒儿都鲁的一次战斗中，李庭部"壮士十人，持火炮，夜入其（乃颜）阵砲发，果自相溃散"。元军乘胜追击，遂擒乃颜。至元二十五年征讨宗王哈丹，李庭率部追击哈丹"至一大河（贵烈儿河，即今归流河），选锐卒，潜负火砲，夜沂上流，发之，马皆惊走，大军潜于下流毕渡"。由《元史》记载可判定，元军使用的火砲是一种可以"持"而走，"负"而渡，发射后使战马"惊走"的轻型管形射击火器。作战地域哈喇和林是当时的战略要地，有成吉思汗最早建立的一个军事手工业基地，能制造火铳就近装备元军作战。魏国忠先生关于阿城铳问世时间不晚于元至元二十七年（公元1290年）的结论，得到国内学术界的普遍认可，也可称为"1290铳"，是迄今发现的世界最早的金属管形射击武器。

元代铜手铳的精品，当属中国人民革命军事博物馆收藏的元至正十一年铳。该铳全长435毫米，口径30毫米，重4.75千克，铳身自铳口至尾端有六道箍，铳身前部刻有"射穿百札，声动九天"八个字。札是指铠甲的"甲叶"，铭文意思是说它可以射穿100层甲叶，而发射的声音可以传到天上。铳身中、后部分别刻有"神飞""至正辛卯"（元代至正十一年，公元1351年）和"天山"等字样。尾銎壁刻有两个钉眼，为安装手柄所用。

全铳制作精细，造型美观，保存完好，铭文清晰

元至正十一年铜火铳

醒目，专家认为它可能不是装备普通士兵的兵器，而是高级武官或宫廷的防护装备。此铳于乾隆二年（公元1737年）在山东益都的苏埠屯被人发现，1951年调至北京，1958年转至军事博物馆。

此外，国内博物馆收藏的蒙元时期铜火铳，还有北京市通县1970年出土的"通县铳"、内蒙古自治区托克托县黑城公社1971年出土的"黑城铳"、陕西省西安市东关景龙池巷南口外1974年出土的"西安铳"、浙江省余杭县文管会1983年收集的张士诚政权制造的"天佑丙申铳"（前膛外表有"天佑丙申 朱府铸造"铭文）。现存8件元代铜火铳，4件有铭文，4件无铭文。6件为单兵持用的手铳，为后世步枪的前身；2件为安于架上发射的盏口铳（碗口铳），为后世火炮之鼻祖。

创制于13世纪后期、14世纪前期的元代铜火铳，将火药的威力与金属的坚固性融为一体，构造比较合理，可按一定规格批量铸造，可在较远距离杀伤敌人，不仅装备朝廷军队，元末农民起义军也曾广泛使用，发挥了重要作用。

《元史·达礼麻识理传》记载，元至正二十四年（公元1364年），元军将领达礼麻识理已经统领一支以"火铳什伍相联"的部队作战。元至正二十二年，朱元璋所部将领胡德济、谢再兴在守卫诸全（今浙江诸暨）的作战中，所部使用火铳分门而守，夜半令军士饱餐后出击，一时城中"金鼓铳炮震天地"，击退了张士诚部10万军队的围攻。

火铳的大量制造和应用，到明初引起军事领域的重大变革。主要表现：到明洪武十三年（公元1380年），全国各地卫所驻军（明初全国有547个所，每所约5600人，下辖千户所、百户所）开始按编制总数的1/10装备火铳；水军各卫的战船都装备了相当数量的火铳，每艘大型海运船装备16支手铳和4门碗口铳；永乐年间，明军建立了世界上最早专用火器的新兵种——神机营，创造火铳和冷兵器相结合的新战术。

在统一四川、云南和辽东等重大战役中，火铳都发挥了重大作用。明洪武二十二年，西平侯沐英率明军在云南平定思伦发的叛乱时，将装备火铳和神机箭的士兵分三列横排于战阵之前，在统一号令下轮番齐射，击溃凶猛冲击的敌军象兵，大获全胜。明永乐二十一年（公元1423年），明成祖朱棣在第四次用兵漠北途中，根据明军大量使用火铳的新情况，提出神机枪炮兵与骑兵相结合的布阵新原则：把神机枪炮兵分成数行，疏开横列于全阵之前，将骑兵密集于阵后，作战时先以火铳轮番齐射敌军前锋，待其溃乱时，后队骑兵发起冲击，夺取胜利。这一布阵原则具有鲜明的时代特色，被誉为火铳与冷兵器相结合战术的新创造。

早期的金属管形射击火器，还没有枪和炮的区别，制造也没有一定的制式和标准，为了增大威力便造得大一些，为了使用轻便就造得小一些。通常将可单兵手持操作的小铳称为手铳，需安在架上发射的大铳称为火铳，它们后来分别发展为枪和炮。

明朝初年，中国火炮技术有了长足发展。朝廷设立专门机构，专司火器研制，朱元璋亲下诏书，把一些大型火铳封为"大将军""二将军""夺门将军"等。据明洪武二十五年资料，明军装备各型火铳达18万支。永乐年间，迁都北京的明成祖朱棣在京军中创建了以火炮、火枪为主装备的神机营，作为朝廷的战略机动部队。神机营下辖中军、左掖、右掖、左哨、右哨5个军，将士3万余人，最多时7.5万余人，曾多次随皇帝出征。

明永乐十二年，朱棣率50万大军亲征漠北，与时常袭扰明边疆的蒙古军骑兵在忽兰忽失温（今蒙古乌兰巴托南）对阵。明军神机营火铳分成几列，轮番齐射，毙杀敌骑兵数百，明步兵乘敌混乱溃退之机攻击，大胜。在战争实践中，明军首创火炮齐射，以及炮兵与步骑兵协同作战新战术。朱棣曾对此做了总结：布阵时"神机铳居前，马队居后"，"首以铳摧其锋，继以骑冲其坚，敌不足畏也。"

军事博物馆收藏的一门铸造于明洪武五年（1372年）大碗口铳，铳身中部刻有"水军左卫，进字

明洪武五年大碗口铳

四十二号大碗口筒重二十八斤，洪武五年十二月吉日宝源局造"等字样，表明该铳是装备水军舰船使用的，是世界现存的最早的有铭文的舰炮。该铳口径115毫米，全长365毫米，重15.75千克。铳口处铭有"韩"字，这种铳铳身粗短，口径大如碗口，故又称大碗口铳。元至正二十三年（公元1363年），朱元璋部与陈友谅部的鄱阳湖决战，是世界战争史上第一次用船载火铳（最早的舰炮）与冷兵器结合进行的水战。《明史纪事本末》卷3《太祖平汉》记载：朱元璋将本部水军战船分成20队，把船上装备的"火器弓弩，以次鳞列"，并授将士攻敌之术："近寇舟，先发火器，次弓弩，近其舟则短兵击之。"作战开始后，朱军即按部署把舰船装备的"火铳、火箭、火蒺藜、大小火枪、大小将军炮"等火器，一起发射，焚毁陈军战船20余艘。双方经多次激战，陈友谅部溃败。朱元璋得天下，善使火器是重要因素之一。

明洪武十年铁炮

明洪武十年（公元1377年）铁炮，口径210毫米，炮身长1米，有两对炮耳，是迄今发现的最早的带有炮耳的大型铁炮，炮耳不仅便于搬运，还可用于调整火炮的射击角度，在当时世界上首屈一指。该炮炮身刻有铭文："大明洪武十年丁巳季月吉日平阳卫制造。"

元到明，是中国火器快速发展的时期。到明中叶，"京军十万，火器手居其六"，战术、作战方式也发生很大变化。

为弥补单管手铳发射速度慢的不足，明代嘉靖年间研制出一种三眼铳。铳身用铁浇注而成，外形为三根竹节状单铳联装，每个铳管外侧都有个小孔，铳管内添加火药、碎铁砂等，三个铳管可轮番射击。铳尾安装有便于握持的木柄。三眼铳铳管短（约1尺），最佳射程为30～40步（明朝营造尺1尺约合32厘米，量地尺1尺约合32.7厘米，裁衣尺1尺

手持三眼铳的大明神机营校尉

约合34厘米；1步五尺，约1.635米）。30步（约合49米）左右击中可破重铠甲，50步之外能重创不披甲目标，百步之外就没有杀伤力了。起初，三眼铳（亦称三眼枪）在明军中的使用并不普及，主要使用单管手铳。《明神宗实录》记载，万历二十三年，三眼铳开始配发辽东；万历四十六年五月，提督李如松征倭，

挑选各营火器手精兵三千，各带鸟嘴铳、三眼铳等。万历四十七年（公元1619年），明军在与后金的萨尔浒战役中，大量使用了三眼铳等火器。至崇祯朝，三眼铳制造和使用规模越来越大，替代了快枪、神机枪等单管铳，成为主战火器之一。其间，还出现了四眼铳、十眼铳等多管铳，都是为了提高发射速度。但这些铳都因使用不便，威力不大，流行时间不长便被淘汰了。

明朝正德年间，西洋单兵火器"火绳枪"传入中国，明朝人依其外形特点称之为"鸟铳"，清朝改称"鸟枪"。鸟铳到清朝末年一直在中国军队中使用。明朝中后期，倭寇屡屡侵犯我国东南沿海。明廷紧急从

戚家军抗击倭寇

装备鸟枪的大清军官

山东调来一位大将主持抗战,他就是大名鼎鼎的抗倭英雄戚继光。据《练兵实纪》记载,戚家军步营有2699人,装备鸟铳1080支,约占40%。

到了清代,鸟铳逐步取代了三眼铳。在关外时,清军便开始配备鸟枪。入关后,正式组建了火器营,并有了专门使用鸟枪的士兵,称为鸟枪兵,每个鸟枪兵配备一把鸟枪。据《清朝文献通考》《大清会典事例》记载，雍正年间沿海省份的鸟枪兵占比多达50%，边疆省份鸟枪兵占比高达60%，内陆省份鸟枪兵占比达40%。在对外边疆作战，对内平叛均取得胜利。《蔡毓荣南征图卷》展示了清军在洞庭湖与吴三桂军交战的场景，船上岸边站满了鸟枪兵，船头则安放火炮。虽然清军拥有大量火器，但是清朝落后的制度，让科技进步无从谈起，清中期后武备逐渐松弛，火器无法改进发展，渐渐落后于时代。

《蔡毓荣南征图卷》局部

种类繁多的火箭

北宋后期,民间流行一种能高飞的"起火"(亦称"流星"),即利用了火药燃气的反作用力。按工作原理,此类烟火依靠自身向后喷射火药燃气的反作用力飞向空中,是一种用于玩赏的火箭。"火箭"一词最早见于《三国志·魏书·明帝纪》注引《魏略》。魏太和二年(公元228年),蜀国诸葛亮出兵攻打陈仓(今陕西宝鸡东),魏守将郝昭"以火箭逆射其云梯,梯燃,梯上人皆烧死"。但魏军的"火箭"只是在箭杆靠近箭头处绑缚浸满油脂的麻布等易燃物,点燃后用弓弩发射出去,用以纵火。火药发明后,箭杆上的易燃物改换为火药,此为最早的火箭——火药箭。史籍记载,北宋军官冯继升、岳义方、唐福等曾向朝廷呈献火箭及制造方法,仍用弓弩发射。

在宋仁宗时期(公元1023—1063年),靠火药燃气反作用力飞行的火箭用于军事,仍沿用这一名称。火箭逐步成为军队中的必备武器,《武经总要》中正式列载了火箭。中国古代火箭由箭头、箭杆、箭羽和火药筒四部分组成。火药筒外壳用竹筒或硬纸筒制作,里面填充火药,筒上端封闭,下端开口,筒侧小孔引出导火线。点火后,火药在筒中燃烧,产生大量气体,高速向后喷射,产生向前推力。古代火箭构造虽简单,但在原理和结构上都堪称现代火箭的雏形:产生动力的火药筒,相当于现代火箭的推进系统;锋利的箭头具有杀伤力,相当于现代火箭的战斗部;尾端的箭羽在飞行中起稳定作用,相当于现代火箭的稳定系统；箭杆，发挥连接和承载作用，相当于现代火箭的箭体结构。

到明代，火箭技术大幅度提高，发展成为种类繁多的火箭武器，并广泛用于战争。明代茅元仪编著、天启元年（公元1621年）刊印的《武备志》中，详细记载了多种火箭的外形、性能以及制作、使用的方法等。被称为"军中利器"的火箭，既有单火药筒火箭，又有多火药筒并联火箭；火箭战斗部，从过去的常规箭头演变为刀、枪、剑等杀伤刃器，后来发展为火药弹，还有多发齐射火箭、多级火箭等。单发火箭的战斗部采用不同形制，分别称为燕尾箭、飞剑箭、飞枪箭和飞刀箭。

飞刀箭、飞枪箭、飞剑箭由明军著名将领戚继光在东南沿海抗倭时创制，三种喷气火箭合称"三飞箭"。据戚继光《练兵实纪杂集·军器解》记载，"三飞箭"箭杆用长6～7尺、粗6～7分的荆木制作；铁镞长约5寸，横阔8分，分别制成刀、枪、剑形锋刃，能透敌兵铠甲；箭镞后部绑缚一个长7～8寸、粗2寸的火药筒推进，筒尾有火线通出；箭尾有羽翎，有助于箭身飞行中保持平衡。作战时，将火箭安于木架上，手托箭尾，点着

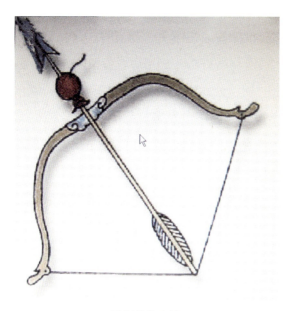

弓射单发火箭

筒尾药线，对准敌方射去，射程可达 300 余步（约合 480 米），能穿透敌兵铠甲。

明代曾盛行多发齐射火箭，在《武备志》卷 126、卷 127 中记载的制品有十几种，如 2 支的"二虎追羊箭"，3 支的"虎钺箭"，5 支的"五虎出穴箭"，7 支的"七筒箭"，10 支的"火弩流星箭"，20 支的"火龙箭"，32 支的"一窝蜂箭"，40 支的"群豹横奔箭"，60 支的"群鹰逐兔箭"，100 支的"百虎齐奔箭""百矢弧箭"等，它们类似于现代的多管火箭炮。以 32 支齐发的"一窝蜂"为例，它是将 32 支火箭置于一个口大底小的筒中，筒内有分层箭格板，每支火箭分插一格，将所有的火线集束，伸出筒外。作战时将火线点燃，"总线一燃，众矢齐发"，箭矢如同蜂群一样飞出，射程在百步以上，射面横宽约 10 丈。在野战中横列几十筒，正面杀伤可达 500 米以上，威力可观。

明建文二年（公元 1400 年）四月，建文帝命大将李景隆率明军数十万人，讨伐朱棣的燕军，两军激战于白沟河（今河北省境内）。李景隆部的火箭兵每人手持一个大筒，横列一排。点火后，每筒飞出几十支火箭，燕军人马中箭伤亡甚多。这是"靖难之役"中的一个场面。朱棣后来当了明朝皇帝，所修《明太宗实录》卷 6 中称："敌军中举火器时，闪烁有光"，"着人马具穿"。这是战争史上关于使用喷气火箭武器进行作战的最早记载。

"靖难之役"是燕王朱棣与明建文帝争夺皇位之战，燕军精锐骑兵所向披靡，朝廷军队屡战屡败。在

多发火箭"一窝蜂"模型

白沟河之战中,李景隆指挥所部大量使用"一窝蜂",虽然无法改变整个战局,但也给燕军以沉重打击。实行多发齐射,增加发射密度,迄今仍是提高无控火箭杀伤威力的重要途径。明代戚家军也装备多种齐射火箭,还常将多个火箭筒固定在火箭车上发射,一次可射几百支乃至上千支火箭。戚继光在北方守备东段长城时,至少装备了40辆火箭车。

技术更复杂些的是多火药筒并联火箭,明代兵书《武备志》记载的有"二虎追羊箭",装2个火药筒,还有"神火飞鸦",装4个火药筒。"神火飞鸦"

外形如乌鸦，用细竹或苇草编成，腹内装满火药，背上钻孔，从中捅出4根各1尺多长的药线，并与鸦腹下斜插的4支起飞火箭的药线相连，而后用绵纸将鸦身糊固，安上鸦头、鸦尾和双翅。身下4支火箭如同"起火"，可产生推力。使用时，先点燃4支起飞火箭，借助火药燃气反冲力驱动，鸦身可"飞远百余丈"。到达目标时，起飞火箭的药线恰好将鸦腹中火药筒的药线点燃，引燃火药，飞鸦顿时变成一团大火，将目标焚毁，是破阵攻城的利器。实现多火药筒并联飞行是火箭技术的一大进步，可增大射程或增加投送重量。如果几个火药筒推力大小不等或点火时间不一致，也会导致飞行失败。

神火飞鸦

明军中装备的"飞空击贼震天雷"是一种爆炸性火箭。用竹篾编成直径 3.5 寸的雷体，上安双翅，用以维持飞行平衡，内装爆药和几支涂毒的棱角，中间安置一个长 2 寸的纸制喷射火药筒，用火线与雷体内的爆药相连，外表用十几层纸糊固，涂上颜色。它多用于攻城作战：士兵顺风点火，喷射火药筒向后喷出燃气，将雷体推至城上爆炸，顿时雷声震天，涂有毒药的棱角横飞，城上人非死即伤。"飞空击贼震天雷"及上述的"神火飞鸦"，已经将单级喷气火箭携载冷兵器进行个体杀伤，发展成为运载装药火器进行群体杀伤与破阵攻城的火器，扩展了火箭的作战用途，增强了战斗威力。

名为"火龙出水"的军用火箭，可水陆两用，是世界上最早的二级火箭，发明于 16 世纪中叶，明朝中期。《武备志》记载有制作和使用方法：用 5 尺（约合 1.55 米）长的毛竹，去节削薄作龙身，前后各装上木制的龙头和龙尾，头尾两侧各装火箭 1 支，龙腹内装火箭多支。把火箭的药线连在一起，由龙头下部一个孔中引出。又在龙身下部前后各倾斜装着 2 个大火箭筒，把它们的药线也连在一起。发射时，先点燃头尾两侧的 4 支火箭，推动火龙前进。待 4 支火箭燃烧将完时，连接的引线引燃龙腹内的火箭，由龙口飞出，继续飞向目标。"水战可离水三四尺燃火，即飞水面二三里去远，如火龙出于江面。"先行点燃、助推的 4 支火箭是第一级火箭，它能推动火龙飞行 2～3 里；而后自动引燃龙腹内的火箭，是第二级火箭，带着战斗部直达目标，可使敌方"人船俱焚"。

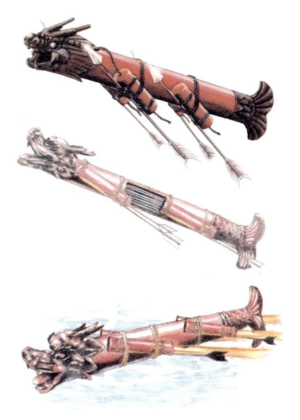

世界上最早的二级火箭——火龙出水

明万历二十六年（公元 1598 年），中国和朝鲜联军水师在围歼侵朝日军的露梁海战中，御倭总兵兼水军提督陈璘采用伏击、夹击和火攻战术，指挥联军大量使用"火龙出水"等火箭武器，焚毁日军战船百余艘，重创日军舰队。此役，中朝联军共击伤击沉日舰 400 余艘，万余名日本兵阵亡，取得对日海上作战的重大胜利。

明代研制的众多火箭中，技术水平最高的当属"飞空砂筒"。它是一种以火药燃气反作用力推进的能够往返飞行的火箭，绝妙之处是发射出去还能再飞回

露梁海战

来,开创现代火箭回收技术之先河。

"飞空砂筒"箭身长约7尺,上面有三个火药筒。其中两个分别用于起飞和返回,颠倒绑缚于箭身前端的两侧。起飞用的火药筒喷口向后,与其相连的是一个用于伤敌的火药筒,内装燃烧性火药和特制的毒细砂,筒顶上有尖利的倒须枪,构成战斗部。发射装置用大毛竹制成,称为"溜子"。"飞空砂筒"主要用于水战。作战时,士兵用"溜子"对准敌船发射,火箭飞至敌船后,以倒须枪刺在篷帆上;接着,作为战斗部的火药筒喷射火焰和毒砂,焚烧敌船并杀伤敌兵;火焰和毒砂喷完时,返回火药筒的火线被点燃,借助火药燃气的反冲力,飞空沙筒返回,可重复使用。

"火龙出水""飞空砂筒"同属二级火箭,是明代火箭技术的巅峰之作,也是现代多级火箭的先导。从发明单级火箭到创制二级火箭,中华民族在火箭发展史上书写了灿烂的篇章。

火箭的发展,使人们产生利用火箭推力飞上天空的愿望。14世纪末的明朝,中国人万户(又称万虎、王古)突发奇想,创制了一把"飞天椅",椅后绑缚47支火箭。一天,他让人把自己捆在椅子上,双手各持一个大风筝,令助手同时把47支火箭点燃。他的目的是想借助火箭向前推进的力量加上风筝上升的力量飞向空中。不幸的是,随着一声巨响,万户和他的"飞天椅"被炸得粉碎。万户进行的火箭载人飞行的尝试虽未成功,但他被公认为世界上第一个试图利用火箭飞行的先驱者。为纪念这位传奇式人物,月球背面东方海附近的一座环形山被命名为"万户山"。

雕塑"万户飞天"

中国火器的西传

南宋后期，铁木真（1162—1227）为大汗的蒙古在草原崛起。被尊为成吉思汗的铁木真及其后继者，以兵称雄，统一漠北，灭亡西夏、西辽、金国、南宋，同时对外用兵，东征西战，建立起横跨欧亚的蒙古大帝国。

以往人们对"一代天骄成吉思汗"的了解，多知晓他"弯弓射大雕"，统率的蒙古大军以弓马骑射之长所向披靡，而忽略了他重视先进军事技术的一面。在统一蒙古各部以及与其他游牧民族在广袤大草原上的作战中，剽悍的蒙古骑兵确实无可匹敌。而当战争推进到拥有高墙城堡的国家和地区，仅靠骑兵便难以取胜了。《元史》卷122《俺木海传》记载：成吉思汗向部下问计："攻城略地，兵仗何先？"蒙古人俺木海答曰："攻城以砲石为先，力重而能及远故也。"成吉思汗当即任命他为"砲手"，授金符，组建"砲手军"，随后又有火药箭军（唐代名将郭子仪后裔郭宝玉统领）。在与金朝、宋朝军队的作战中，俘获的军事技术人才、工匠和设备汇集大都、上都等地，通过不断学习和吸收先进民族的科学技术，建立起颇具规模的火药火器手工业基地。由此，蒙古大军不仅拥有举世无双、彰显中国北方游牧民族骑射之长强大威力的铁甲骑兵，而且拥有装备了当时中华民族创造的以火药火器为代表的先进军事技术，使原本以强大冲击力为优势的蒙古骑兵如虎添翼，在13世纪的多次战争中无敌于天下。

★ 创世纪之火 —— 火药与古代火器

蒙古军西征中用火器攻城

公元 1219—1260 年，成吉思汗及其后继者率领蒙古大军，进行了三次威震欧亚的大规模西征。

第一次西征（公元 1219—1231 年），成吉思汗亲统 20 万大军，攻灭当时称雄中亚、波斯的花剌子模国，占领今乌兹别克斯坦、土库曼斯坦、格鲁吉亚、阿富汗、伊朗等广大地区。还进兵里海，深入克里米亚，攻占钦察（咸海至乌克兰以北草原的突厥分支），击溃斡罗斯（俄罗斯）与钦察联军；渡过印度河，进至今巴基斯坦和印度北部。据瑞典史学家多桑所著《多桑蒙古史》，在进攻花剌子模新都撒马尔罕的作战中，面对坚固的城垣，蒙古军曾经使用"火攻之器"，实际上是由砲手军用抛石机抛射的一种火球（火炮）之类的火器。撒马尔罕很快被蒙古军攻破，国王阿尔丁统领的 11 万守军覆灭。

第二次西征（公元 1236—1242 年），元太宗窝阔台（成吉思汗三子）委任其侄拔都为统帅，调集 15 万大军，从押亦河（乌拉尔河）集结地出发，出征斡罗斯（俄罗斯）、钦察等国。此时，蒙古军灭亡金朝（公元 1234 年）不久，装备了大量从金朝缴获的铁火炮（震天雷）、竹火枪、火药箭等火器，成为克敌制胜的"法宝"。1237 年，多路蒙古军进入俄罗斯境内，用铁火炮、抛石机攻陷也烈赞（今梁赞，位于莫斯科东），翌年攻占莫斯科、罗斯托夫、弗拉基米尔等十多城。在进围乞瓦（基辅）时，遭该城军民顽强抵御。蒙古军架砲猛攻，克之。蒙古军在东欧、中欧高歌猛进，占领孛烈儿（波兰）、马茶（今布达佩斯）等地，饮马多瑙河畔。波兰史学家乌尔班斯基的著作

蒙古军在莱格尼兹战役中使用火药箭的情景

记载，1241年4月9日，蒙古军与德波联军在波兰境内的莱格尼兹城附近展开一场激战，蒙古军用火药箭和毒药烟毬击败了3万德波联军。当地人完全不了解蒙古军队使用的是什么厉害武器，居然能够口吐烟雾、散发恶臭、发出巨响，便称蒙古人使用了一种妖术。后来，在莱格尼兹附近的一座教堂里，还绘制了反映当年蒙古军使用"飞龙"（Chinese dragon，中国火箭）火器的壁画。

在拔都的第二次西征中，受到蒙军入侵影响的欧洲国家至少15个，大有一举扫平欧洲之势。1241年

12月，蒙古军的军事行动突然停止。原来，西征蒙古军得到来自帝国大本营的报告：蒙古大汗窝阔台于12月11日驾崩。按蒙古惯例，各王子需要返回帝国首都哈拉和林选举新大汗。这一突发事件使第二次西征骤然结束，也使即将遭遇灭顶之灾的奥地利、意大利和法国等国逃过一劫。

此次西征，火器使用特别频繁，几乎每战必用，亲临其境的欧洲人胆战心惊，视为妖术和怪物。由

蒙古军攻城图

于欧洲当时的科学技术还处于落后状态，不具备仿制、使用先进火器的眼光和能力。因此，蒙古军队带去的火器并没有在欧洲落地生根。直到一百年后，中国的火器制造和使用技术，才经阿拉伯传入欧洲。

第三次西征（公元1252—1260年），由元宪宗蒙哥之弟旭烈兀统领，主要目标是征服中亚、西亚地区的阿拔斯王朝（都城报达，即今巴格达）和木剌夷国（今里海南岸）。1256年，蒙古军以大威力的爆炸性火器攻破木剌夷国都城，灭木剌夷国，随后分三路进攻报达（巴格达）。报达不仅是阿拔斯王朝（亦称黑衣大食国，拥兵数十万）的国都，也是当时伊斯兰教国的政治和文化中心，阿拉伯人依托坚固城堡工事，全力防守，战斗持续数月，十分惨烈。旭烈兀调集善用火器的将领郭侃所部为攻城主力，对报达形成合围。郭侃指挥所部以铁火炮、火药箭等各种火器发起猛烈攻击，于1258年4月攻陷报达城，有503年历史的阿巴斯王朝至此灭亡。据《元史》卷149《郭侃传》记载，郭侃为唐代汾阳王郭子仪后裔（祖父郭宝玉为成吉思汗麾下将领），弱冠为百户，骁勇有谋略。在跟随旭烈兀进军中亚、西亚的多年征战中，郭侃充分发挥先进军事技术优势，率军攻破报达、大马士革、阿勒波等300余城，逼近埃及，阿拉伯人称之为"东方的天将军""神人"。公元1260年，旭烈兀得到蒙哥大汗死讯，停止西进，班师东返。新登基的元世祖忽必烈在旭烈兀征服之地建伊尔汗国，以大不里士（位于今伊朗）为都，辖地包括今伊拉克、叙利亚、土耳其、阿富汗、伊朗等国领土。

在三次西征中,蒙古军队和随行的火器制造技师、工匠,把中国的火器制造和使用技术带到了阿拉伯、欧洲的许多国家和地区。13世纪上半叶,阿拉伯国家的科学技术比较发达,具有较快学习、仿制中国先进军事技术的基础条件。在战争实践中见识并获得蒙古军使用的火器后,阿拉伯人开始仿制中国传来的火药火器。

制造火器的首要条件是拥有火药,火药的主要原料是硝石。阿拉伯文献最早提到硝石的,是1240年成书的《单药大全》,作者为阿拉伯著名药物学家伊本·白塔尔(1197—1248)。该书将硝石称为"亚洲石""中国雪"(因其洁白如雪而又来自中国)。著有《火药史》的德国火器史专家拉毛基认为,"硝石是

古人制造火药

1225—1250年间由中国传入阿拉伯的，阿拉伯人又把这种知识介绍给欧洲人。"

大约在13世纪后半期，阿拉伯人学会了硝石的提纯工艺和火药配制技术，为制造各类火器奠定了基础。出生于伊尔汗国辖区叙利亚的哈桑·拉马·纳扎姆丁·阿赫达卜（1265—1295），在其颇具影响、藏于巴黎图书馆的著作《马术和战争策略大全》中，比较详细地介绍了火药配方和硝石提纯工艺，以及火枪、火箭等火器的制造和使用战术等问题。书中这样记述硝石的提纯方法："先将干柳木烧成灰，并按化灰方法将灰放入水中，再按硝石与细木灰9∶1的比例混合，放入坛中，加水加热，直到木灰与硝石不再黏合为止，并要防止发火。"此法与中国北宋成书的《武经总要》所载的硝石提纯法相似。哈桑的书中和其他阿拉伯文献，还记载了当时阿拉伯人研制的多个火药配方。例如，飞火（亦称火箭）由6磅硝石、1磅天然硫、2磅柳炭粉配成，硝、硫、炭三种主要成分的组配比例为66.7%、11.1%、22.3%。将它们碾碎，拌成火药后放入筒中，即成飞火或响雷。制作飞火的筒相对细而长，火药筑实压紧，喷射效果好；制作响雷的筒相对短而粗，装填的火药减半，以适应爆裂的需要。

从留存的阿拉伯文献可知，13世纪后期阿拉伯人的火药配制、初级火器制作方法，与中国宋元时期的方法大致相似，至迟不晚于1280年，阿拉伯人已经完全掌握了中国传入的火箭、火球、震天雷、突火枪等火器的制造与使用技术。他们还在仿制的基础上进行创新,在中国竹制突火枪的基础上,制造出一种木制管形射击火器——马达法,在作战中广泛使用。

马达法,阿拉伯语,原意为火器。马木留克王朝(今埃及境内)的沙姆丁用阿拉伯文写成的兵书《诸艺大全》,记载了马达法的图形和制作方法。它与中国南宋时期军队使用的飞火枪、突火枪同属初级管形射击火器,性能有所发展。马达法以木为枪筒,内装火药,筒口装有球形弹丸或火箭。使用时从火门点燃

阿拉伯人用"马达法"作战

火药，将弹丸或火箭射出。筒后端配木柄，便于手持操作。所用发射火药，用 10 份硝、1.5 份硫、2 份炭配制而成。

俄罗斯圣彼得堡博物馆收藏的一件阿拉伯文抄本（记有 1300 年字样）中有一张绘画，画中一个阿拉伯人，手持一支马达法，管口为一个球形物，为发射的弹丸，管尾安一长柄，清楚地展示了阿拉伯人使用马达法的情景。在 14 世纪马木留克王朝的文献中，越来越多地把武器称为"马达法"，马达法已经成为当时阿拉伯军队的主要装备。初期的马达法以木管为枪筒，后发展为金属制枪筒，大口径、架上发射的便是早期的火炮。

14 世纪 20 年代，阿拉伯人把火器用于与欧洲人的作战中，火器制造和使用技术传入欧洲，最早学到火药火器技术的是西班牙人。西班牙地区曾被阿拉伯人占领，西班牙人进行了长期的反对阿拉伯统治的武装斗争。在多次作战中，西班牙人从阿拉伯人那里获得了先进的火器，而后开始仿制。公元 1325 年、1326 年，阿拉伯人在进攻西班牙巴萨城、马尔托斯城的战斗中，都使用了马达法等火器。在俄国人著述的《炮》中，附录有一幅阿拉伯人使用马达法作战的情景图。

19 世纪 50 年代，恩格斯在掌握大量资料并深入研究的基础上，撰写了关于火炮发展史的论文《炮兵》，载于《美国新百科全书》1858 年版第 2 卷中。文中对火药火器的起源，从中国经阿拉伯传入欧洲的历史过程，做了详细论述，指出："在阿拉伯人对硝石的叫法中，有两种叫法的意思就是'中国盐''中国雪'，古代阿拉伯的著作家曾提到'中国红火和白火'。……拜占庭的希腊人最初从他们的敌人阿拉伯人那里学会制造烟火剂（以后发展为'希腊火'，这一事实是不容怀疑的。……阿拉伯人看来很快就丰富了从中国人那里得到的知识。……而到14世纪初火炮的知识就由阿拉伯人传给了西班牙人。……1326年在马尔托斯、1331年在阿尔康特的强攻中都使用了火炮；在上述围攻战中有几次火炮还发射了燃烧弹。使用火炮的知识又从西班牙人那里传到欧洲其他国家。法国人在1338年围攻吉约姆山时使用了火炮。同年，在普鲁士的德意志骑兵也使用了火炮）。到1350年，火器已流传到西欧、南欧和中欧各国"（见《马克思恩格斯军事文集》第1卷第365～366页）。

进入14世纪，欧洲一些国家的科学技术和经济开始快速发展，在仿制阿拉伯马达法的基础上研发出更先进的火器。中国发明的金属管形射击火器，在阿拉伯国家没有长足进步，传入欧洲后却有了突破性发展，出现了近代枪械意义上的火门枪和火炮。

早期传入欧洲的火药比较粗糙，不能应用于射击。为了制造管形射击火器，善于动脑筋的技师们很快学会了从硝石中提取硝酸钠，制成了粉末状火药，为制造火门枪创造了重要条件。欧洲最早的火门枪用一根金属管制成，长0.6～0.9米，口径12.7～25毫米，发射小石弹或铅弹。目前发现最早的火门枪，是英国人14世纪60年代制作的小马枪，长24英寸。

欧洲火门枪

由于火门枪在射击时枪管会很快发烫，便把枪管绑缚在木棍上。15世纪初，欧洲人发明了枪托，可夹在腋下或架在物体上射击。

德国的黑衣骑士是欧洲最早装备和使用火门枪的一支军队。在与法国军队的一次战斗中，黑衣骑士用绳子把枪吊在脖子上，左手握枪，右手点火，向使用冷兵器的法军猛烈射击。法军士兵还从来没见过这种能喷火飞弹的新式武器，吓得争相溃逃。实际上，德国火门枪的命中率很低，因为射手的眼睛必须盯着火门，才不至于点错位置或烧了自己的手，这样就不能对目标进行瞄准。射手们说："单人操作火门枪，非得有两双眼睛三只手才够用！"

在1337—1453年的英法"百年战争"中，英国的火器发展迅速。1346年8月26日,英王爱德华三世率领的1万英军同3万法军在阿布维尔以北的克雷西高地遭遇,英军不仅有占优势的火门枪火力,还向

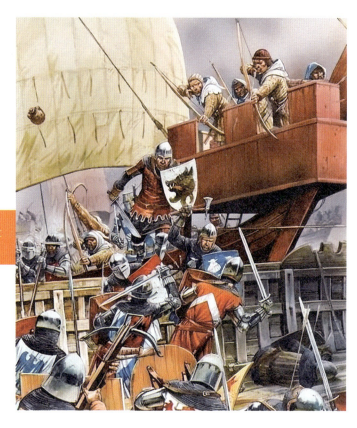

克雷西战役

法军阵地发射2磅重的炮弹,大败法军的重甲骑兵。英军刚装备火器不久,数量也不多,便在克雷西战役中发挥了重要作用。

　　火药作为继造纸、印刷术、指南针之后的第四大发明,传入欧洲之时,正值欧洲文艺复兴运动即将到来、资本主义正在萌芽之时,对欧洲的变革和人类的进步起了巨大的推动作用。英国文艺复兴时期著名哲学家、实验科学创始人弗朗西斯·培根(1561—1626),

在其影响深远的名著《伟大的复兴》第二部《新工具》中指出:"由于(印刷术、火药、指南针)这三项发明,已改变了全世界的面貌和世间一切事物的状态。第一项发明是在学术方面的,第二项是在战争方面的,而第三项是在航海方面的。这三方面的变化,又在其他方面引来无数的发明;任何帝国、任何宗教、任何巨人在人世间都没有这些技术发明所带来的影响大。"

马克思在《机器·自然力和科学的应用》中,同样对中国火药火器西传的历史意义给予高度评价:"火药、指南针、印刷术——这是预告资产阶级社会

火药武器西传

火药武器在欧洲的发展与应用

到来的三大发明。火药把骑士阶层炸得粉碎，指南针打开了世界市场并建立了殖民地，而印刷术则变成新教的工具，总的来说变成科学复兴的手段，变成对精神发展创造必要前提的最强大的杠杆。"

中国军事科学院研究员、著名军事技术史专家王兆春的结论是："迄今为止，世界上还没有哪一种兵器，像中国的火药与火器那样传播如此广泛，对世界历史的进程，产生如此巨大的推动作用。"